多文化サービス実態調査 2015 報告書

公益社団法人　日本図書館協会

多文化サービス委員会

2017年3月

はじめに

本報告書は，日本図書館協会多文化サービス委員会が 2015 年に全国の大学・短期大学・高等専門学校図書館，および全国の公立図書館を対象として行った「多文化サービス」に関するアンケート調査の結果をまとめたものである。

「多文化サービス実態調査」は，日本図書館協会が『日本の図書館』の付帯調査として 1988 年・1998年の 2 回実施している。最新の調査としては，2002 年に日本図書館協会図書館調査事業委員会事務局によるミニ付帯調査が行われたが，5 項目に限定された調査であった。1988 年・1998 年調査が 10 年というタイムスパンで 2 回行われており，2008 年には 3 回目の調査が期待されたが，諸般の事情で延び延びになっていた。

多文化サービス委員会では，2013 年度より実態調査の実施について検討を進めてきた。サービスの進展を追跡するための質問や時代の変化に対応した新しい質問など，調査項目の選定に 2 年の検討期間を費やし，2015 年に調査を実施することができた。

第 1 回調査の 1988 年から 30 年近く経ち，日本の多文化状況は大きく変化した。当時，日本に在住する外国人の数は，法務省入国管理局の統計によると約 94 万人で，その 7 割以上を在日韓国・朝鮮人が占めていた。1990 年の「出入国管理及び難民認定法」改正を経て多くのブラジル人が来日し，第 2 回調査が行われた 1998 年には，150 万人以上になった。毎年増加していた在住外国人も 2008 年末の約221 万 7 千人をピークに一時減少したが，2013 年末の統計から増加に転じ，2015 年末には約 223 万 2千人と過去最高になった。国籍別には現在中国人が最も多いが，ここ数年ブラジル人の減少に代わってベトナム人とネパール人の増加率が顕著である。さらに，国籍による統計上の数字では現れてこない外国に繋がりのある子どもや日本人の配偶者などを含めれば，その数字はもっと多くなる。

今回の調査は，日本の図書館における多文化サービスが過去の調査から進展したのかどうか，多文化サービスの新しい動きがみられるのか，サービスに当たって図書館が直面する課題は何かなどを探る目的で実施した。

近年における世界の情勢は，グローバリズムへの反動としての自国主義・排外主義の動きが顕著にみられる。人々が，人種・国籍・文化・言語・民族の違いを認め合い，多様性を尊重する社会を実現するために，図書館はコミュニティに対する多言語による情報提供，日本語が母語でない児童・生徒への学習支援，コミュニティ内の交流の場など，行政や他の機関と連携して活動することが求められている。

今回の調査報告書は，「公立図書館の多文化サービス」と「留学生等への図書館サービス」の 2 つの調査を 1 冊にまとめた。公立図書館と大学・短期大学・高等専門学校図書館がそれぞれ実施しているサービスの状況を理解し，地域やさまざまな場で連携して多文化サービスに取り組むきっかけとなれば幸いである。

調査に当たり，ご協力いただいた各図書館関係者にお礼申し上げます。またこの調査の実施には，2015年に急逝された小林卓元委員長の尽力があったことを報告いたします。

2017 年 3 月 31 日

公益社団法人　日本図書館協会

多文化サービス委員会

総目次

はじめに …………………………………………………………………… 3

第Ⅰ部　公立図書館の多文化サービス ………………………………… 7

　1．調査の概要と報告書について

　2．集計結果

　3．調査結果の分析

　4．質問票

第Ⅱ部　留学生等への図書館サービス ………………………………… 113

　1．調査の概要と回収結果

　2．集計結果

　3．調査結果の分析

　4．質問票

参考文献 ………………………………………………………………… 224

あとがきにかえて ……………………………………………………… 226

第Ⅰ部　公立図書館の多文化サービス

第Ⅰ部　公立図書館の多文化サービス

目次

1．調査の概要と報告書について　……………………………………………………　11

2．集計結果
　2.1　方針　………………………………………………………………………………　13
　　　(1)業務指針等の整備状況
　　　(2)自治体における多文化共生方針等の整備状況
　2.2　職員・ボランティアなど　………………………………………………………　17
　　　(1)外国語資料担当者
　　　(2)多様な文化的・言語的背景を持つ職員
　　　(3)外国語対応可能な職員
　2.3　資料　………………………………………………………………………………　23
　　　2.3.1　図書　……………………………………………………………………　23
　　　　　(1)外国語図書の所蔵
　　　　　(2)言語別外国語図書の所蔵
　　　　　(3)分野別外国語図書の所蔵
　　　　　(4)よく利用される分野の外国語図書
　　　　　(5)外国語図書の購入実績
　　　　　(6)外国語図書の収集開始時期
　　　　　(7)外国語資料コーナー
　　　2.3.2　新聞・雑誌　………………………………………………………………　35
　　　　　(1)外国語新聞・雑誌の所蔵
　　　　　(2)言語別外国語新聞・雑誌の所蔵状況
　　　　　(3)自治体発行広報誌の言語別所蔵状況
　　　　　(4)外国語雑誌の排架方法
　　　2.3.3　視聴覚資料　………………………………………………………………　40
　　　　　(1)視聴覚資料の所蔵
　　　　　(2)視聴覚資料の種類と分野
　　　　　(3)視聴覚資料の貸出し
　2.4　目録　………………………………………………………………………………　43
　　　(1)外国語資料目録への対応（図書館システム）
　　　(2)外部目録データの利用

2.5　検索　…………………………………………………………………　47
　　(1)館内 OPAC による外国語資料の検索
　　(2)館内 OPAC の検索画面
　　(3)Web OPAC による外国語資料の検索
　　(4)Web OPAC と館内 OPAC の違い
2.6　サービス，案内，対応　……………………………………………　51
　　(1)広報類の有無
　　(2)作成している広報類と言語
　　(3)外国人のための事業の有無
　　(4)外国人のための事業内容と実施方法
　　(5)外国語対応マニュアル
　　(6)外国人コミュニティ
　　(7)多文化サービスの要望・問い合わせ
　　(8)在住外国人の図書館ニーズ調査
　　(9)多文化サービスの課題等
　　(10)インターネット利用環境
2.7　他部局との連携　……………………………………………………　68
　　(1)国際化担当部署の有無
　　(2)国際交流協会の有無
　　(3)特定の国・地域を対象とした NPO 法人の有無
　　(4)他部局・他団体との連携
　　(5)「母語による生活情報ガイド」発行の有無
　　(6)「母語による生活情報ガイド」の発行形態・発行言語等
　　(7)在住外国人のための案内
2.8　その他：多文化サービスに関する意見・参考となる事例等　…………　78
　　(1)実践事例
　　(2)現状・課題・要望など

3．調査結果の分析
　3.1　これまでの調査との比較　……………………………………　82
　3.2　調査から見えてきたこと　……………………………………　102

4．質問票　………………………………………………………………　105

1．調査の概要と報告書について

1.1　調査の概要

- 調査目的：日本に在住する外国人は，前回 1998 年調査時の約 150 万人から 2015 年には約 223 万人と増加している。多文化共生を政策に掲げている自治体も多い。今回の調査は，前回調査からサービスの進展がみられるかどうか，また多文化サービスに関して地域の公立図書館にどのような課題があるかなどを調査の目的とした。
- 調査対象：公立図書館
- 調査方法：各自治体の中心館（1366 館）にアンケート用紙を郵送
  ＊自治体内の多文化サービスを実施している地区館には中心館からアンケート用紙を配布してもらえるよう依頼した。
- 回答方法：Web 入力，メール，Fax，郵送
- 調査期間：2015 年 10 月 9 日から 11 月 30 日（但し入力期限を 12 月 20 日まで延長した）
- 調査内容：第 1 部（基本的質問）第 2 部（詳細質問）に分けて実施

1.2　回収結果と回収率

- 回収結果：合計 1182 館（1005 中心館　および　177 地区館）
  内訳：第 1 部の回答館 1182 館，第 2 部の回答館 1128 館

- 設置主体別の回答結果・回収率
  ＊複数館分を一括して回答している場合は 1 館として集計した。
  ＊設置主体の区分は日本図書館協会『日本の図書館　統計と名簿 2014』に準拠したが，特別区を「東京 23 区」として表示し，市町村については，その人口段階によって区分した。

	都道府県	東京23区	政令市	市町村						全体
				30万人以上	30万人未満	10万人未満	5万人未満	3万人未満	1万人未満	
配布自治体数	47	23	20	51	196	273	231	350	175	1366
回答自治体数	45	19	19	41	157	206	168	233	117	1005
回答館数	50	53	85	55	183	221	178	239	118	1182
回収率(自治体)	96%	83%	95%	80%	80%	75%	73%	67%	67%	74%

1.3　報告書の見方

- 集計表は，①都道府県　②東京 23 区　③政令市，市町村については，人口段階によって④30 万人以上　⑤10 万人以上 30 万人未満　⑥5 万人以上 10 万人未満　⑦3 万人以上 5 万人未満　⑧1 万人以上 3 万人未満　⑨1 万人未満　に区分した。これは市町村別ではなく，人口段階で区分する方が実態をより反映していると考えたからである。

- 調査は第 1 部で基本的質問を行い，該当する図書館にのみ第 2 部で詳細に尋ねるという方式で実施したが，報告書では質問ごとに第 1 部と第 2 部を統合して集計結果を出した。

・報告書中に掲載したアンケートの質問文は，前後の脈絡がわかるように修正・補記したものがある。アンケートの全文は「質問票」として調査報告の末尾に掲載した。

・集計結果は，回答数（館数あるいは自治体数）の集計表とその一部を百分比のグラフで表示した。百分比は原則として小数第二位を四捨五入して小数第一位まで示した。

・自治体を対象にした質問は，各自治体の中心館の回答を集計した。

・本報告書は，調査対象となった図書館の回答を集計したものである。行政機関等が実施する全国的な各種統計や調査の数字については当該資料を参照されたい。

・集計表の総計は，その質問が①全図書館（1182館）を対象にした場合　②全自治体（1005館）を対象にした場合　③質問に対する該当館あるいは該当自治体を対象にした場合，によって数字が異なる。集計の対象とした数は質問文の末尾に（N=）で示し，集計表の総計としても挙げた。但し，「複数回答可」の質問については，集計表に総計は示していない。

・第1部 問6-4「貴館のサービスエリアに，外国籍の人が多い地区（コミュニティ）がありますか」に対して，「ある」と回答した図書館（153館），また「ある」と回答した自治体中心館（119自治体）については，全体集計との違いを見る必要がある場合，個々の質問とのクロス集計を行った。

・報告書3.1で過去の調査結果と比較し，サービスの進展具合などを検証したが，質問内容や調査対象数が異なるため比較可能な範囲にとどめた。

2．集計結果

2.1　方　針

(1) 業務指針等の整備状況

> 第1部 問 1-1　貴館には，多文化サービスの根拠となる業務指針（例：事務分掌規定，選書方針等）等がありますか。
> 　　　（1）ある　（2）ない　（3）わからない　　　　　　　　　　　（N=1182 全図書館）
> 業務指針等がある場合，その文書名をお書きください。（複数回答可）

(1)-1．図書館全体の状況

　多文化サービスの根拠となる業務指針等を有する図書館は 256 館，全体の 21.7％に過ぎない。最も多いのは政令市の 54 館（63.5％），続いて人口 30 万人以上を有する市町村の 34 館（61.8％）である。人口 30 万人未満の市町村の図書館では徐々に割合が減少する。東京 23 区の図書館では 71.7％，また都道府県立図書館の半数以上が多文化サービスの根拠となる業務指針等を有していない。

表 1-1　業務指針等の整備状況　（単位：館）

	都道府県	東京23区	政令市	市町村 30万人以上	市町村 30万人未満	市町村 10万人未満	市町村 5万人未満	市町村 3万人未満	市町村 1万人未満	全体
(1) ある	24	9	54	34	62	34	21	14	4	256
(2) ない	26	38	30	20	121	186	154	223	110	908
(3) わからない				1		1	2	2	4	10
無回答		6	1				1			8
総計	50	53	85	55	183	221	178	239	118	1182

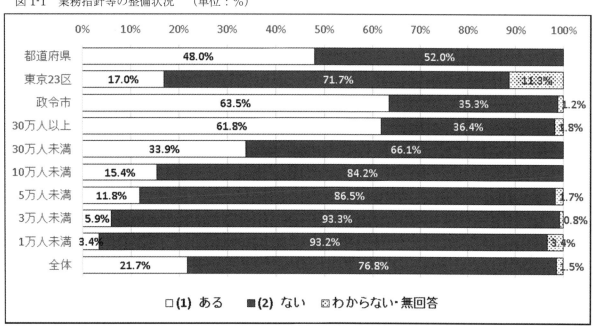

図 1-1　業務指針等の整備状況　（単位：％）

(1)-2. サービスエリアに外国人コミュニティがあると回答した図書館の状況

　第1部 問6-4で、「サービスエリアに外国籍の人が多い地区（コミュニティ）」があると回答した図書館は、153館ある。図書館全体の統計で業務指針等があると回答した図書館が21.7%に対し、外国人コミュニティがあると回答した図書館に限れば38.6%に増加した。

表1-2　外国人コミュニティがあると回答した館と業務指針等とのクロス集計　　（単位：館）

	都道府県	東京23区	政令市	市町村 30万人以上	市町村 30万人未満	市町村 10万人未満	市町村 5万人未満	市町村 3万人未満	市町村 1万人未満	全体
(1) ある	11	3	13	5	14	9	3	1		59
(2) ない	4	8	12	1	23	15	14	10	3	90
(3) わからない				1						1
無回答		3								3
総計	15	14	25	7	37	24	17	11	3	153

図1-2　外国人コミュニティがあると回答した館と業務指針等とのクロス集計　　（単位：%）

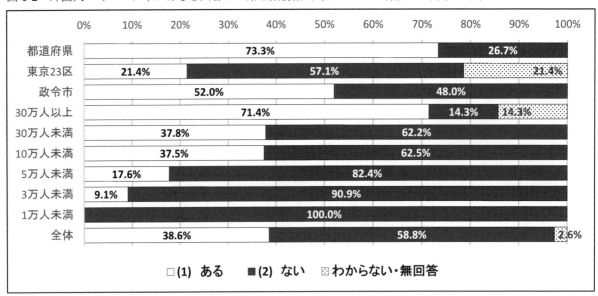

(1)-3. 業務指針等の文書名

　冒頭に自治体名があるものがほとんどである。自治体の教育方針や社会教育計画、図書館の運営方針、資料収集方針、選定基準などさまざまなレベルの指針が存在する。
　（例）「教育行政方針」「社会教育計画」「運営方針」「資料収集方針」「資料選定基準」「リクエスト取扱要領」「寄贈資料受入基準」「複写取扱要領」　など

(2) 自治体における多文化共生方針等の整備状況

> 第1部 問1-2　貴自治体には，多文化共生等の根拠となる基本方針・計画等がありますか。
> （例：静岡県 －「多文化共生推進基本条例」，京都市 －「国際化推進プラン」）
> 　　　（１）ある　　　（２）ない　　　（３）わからない　　　　　　　　（N=1005 全自治体）
> 基本方針・計画等がある場合，その文書名をお書きください。（複数回答可）

(2)-1. 自治体全体の状況

自治体に関する質問であるため各自治体における中心館の回答を集計した。多文化共生等の根拠となる基本方針・計画等が「ある」と回答した自治体は，全体の23.3%である。政令市の94.7%という数字が突出している。人口30万人未満を境に基本方針・計画等を持つ自治体数が減少する。

表1-3　多文化共生方針等の整備状況　（単位：自治体）

	都道府県	東京23区	政令市	市町村 30万人以上	30万人未満	10万人未満	5万人未満	3万人未満	1万人未満	全体
(1) ある	35	9	18	26	66	46	24	10		234
(2) ない	6	9		13	77	135	118	191	100	649
(3) わからない	4	1	1	2	13	25	25	29	15	115
無回答					1		1	3	2	7
総計	45	19	19	41	157	206	168	233	117	1005

図1-3　多文化共生方針等の整備状況　（単位：%）

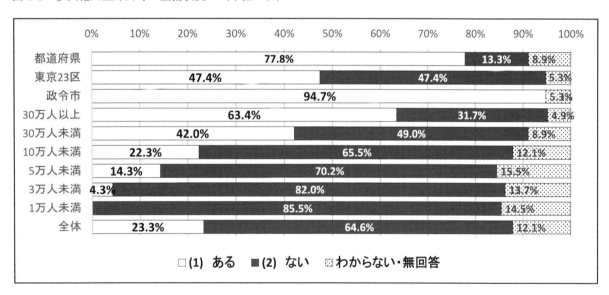

(2)-2. サービスエリアに外国人コミュニティがあると回答した自治体の状況

第1部 問6-4で，「サービスエリアに外国籍の人が多い地区（コミュニティ）」があると回答した自治体は119ある。自治体全体の統計では23.3%であったが，外国人コミュニティを有する自治体では52.1%と，多文化共生のための基本方針・計画を有する割合が高くなった。政令市と人口30万人以上の市町村では100%である。

表1-4 外国人コミュニティがあると回答した自治体と多文化共生方針等の整備状況とのクロス集計

(単位：自治体)

	都道府県	東京23区	政令市	市町村 30万人以上	30万人未満	10万人未満	5万人未満	3万人未満	1万人未満	全体
(1) ある	13	2	7	7	18	10	4	1		62
(2) ない	2	4			11	11	10	5	3	46
(3) わからない					4		2	5		11
総計	15	6	7	7	33	21	16	11	3	119

図1-4 外国人コミュニティがあると回答した自治体と多文化共生方針等の整備状況とのクロス集計

(単位：%)

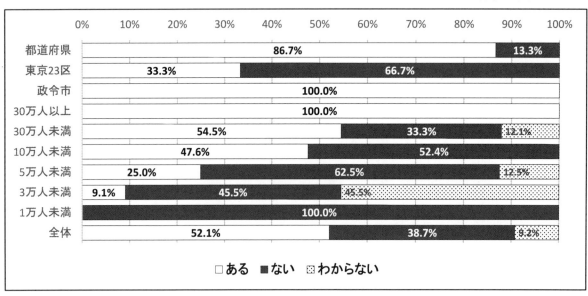

(2)-3. 基本方針・計画等の文書名

「国際化」「多文化共生」に関する計画のほか，自治体の総合的な計画の一部に位置づけられている場合もある。

（例）「協働のまちづくり推進指針」「国際化施策計画」「国際化推進プラン」「青少年国際交流事業」「国際交流・多文化共生促進計画」「多文化共生推進プラン」「○○市総合計画（多文化共生の項目を含む）」　など

2.2 職員・ボランティアなど

(1) 外国語資料担当者

> 第1部 問2-1 貴館には外国語資料の担当者等がいますか。
> ＊専任・兼任，正規職員・非正規職員を問いません。委託職員・ボランティア等も含めてお答えください。
> （1）いる　　　（2）いない　　　　　　　　　　　　　　　　　（N=1182 全図書館）
> 第2部 問2-1 外国語資料の担当者等がいる場合，その人数についてお答えください。
> （1）正職員　　　　　名　（2）非正規（アルバイト等）　　　名
> （3）委託スタッフ　　名　（4）ボランティア　　　　　　　　名　　（N=237 該当館）

(1)-1. 外国語資料担当者の有無

外国語資料担当者が「いる」と回答したのは全図書館のうち237館（20.1％）であるが，政令市では全85館中53館（62.4％）が「いる」と回答している。自治体の人口段階が小さくなるほど，担当職員のいる割合が少なくなるが，都道府県立図書館でも担当職員がいるのは半数である。

表2-1　外国語資料担当者の有無　（単位：館）

	都道府県	東京23区	政令市	市町村 30万人以上	30万人未満	10万人未満	5万人未満	3万人未満	1万人未満	全体
(1) いる	25	27	53	24	54	34	11	8	1	237
(2) いない	25	25	32	30	127	187	165	229	117	937
無回答		1		1	2		2	2		8
総計	50	53	85	55	183	221	178	239	118	1182

図2-1　外国語資料担当者の有無　（単位：％）

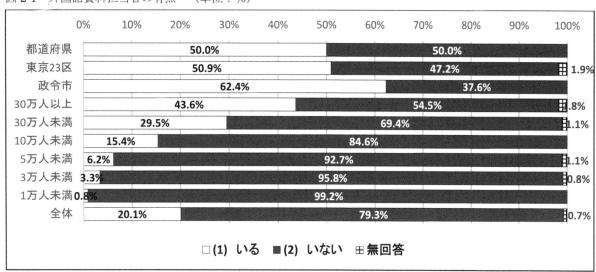

(1)-2. 外国語資料担当者の人数と雇用形態

外国語資料担当者がいると回答した図書館 237 館のうち，政令市は正職員が他の自治体に比べかなり多い。近年非正規職員化が進んでいるが，表 2-3 が示すように，正職員のみが外国語資料を担当する図書館は 130 館，正職員＋非正規職員（48 館）を合計すると 178 館（75.1％）となり，多くの場合正職員が関与していることがわかる。ボランティアだけで業務を行っている図書館も 2 館あった。

表 2-2　外国語資料担当者の雇用形態＋人数別集計　　　（単位：館）

	（人）	都道府県	東京23区	政令市	市町村 30万人以上	市町村 30万人未満	市町村 10万人未満	市町村 5万人未満	市町村 3万人未満	市町村 1万人未満	全体
正職員	1人	10	5	12	9	33	14	4	3	1	91
	2人	5	3	31	5	6	7		1		58
	3人	1		3	1	1	1				7
	4人	3	2	1	2	2	2				12
	5人	1		2		1	1	1			6
	6人		1	2							3
	24人			1							1
非正規（バイト含む）	1人	2	1	1	7	7	9	2	4		33
	2人	3	3	2	2	4	1	1			16
	3人		4		1	1	3				9
	4人	2			1		1				4
	5人				1						1
	6人			1		2					3
	7人					1		1			2
	14人		1								1
委託	1人	1	7	1		1		1	1		12
	2人	1	2			2	1		1		7
	3人				1						1
	4人			1	1						2
	7人		1								1
ボランティア	2人					1					1
	3人	1						1			2
	5人	1		1							2
	6人	1									1

表 2-3　外国語資料担当者の雇用形態別構成（単位：上段＝館，下段＝％）

	都道府県	東京23区	政令市	市町村 30万人以上	市町村 30万人未満	市町村 10万人未満	市町村 5万人未満	市町村 3万人未満	市町村 1万人未満	全体
(1)正職員	13	8	46	8	32	17	2	3	1	130
	52.0%	29.6%	86.8%	33.3%	59.3%	50.0%	18.2%	37.5%	100.0%	54.9%
(2)非正規	3	7	1	3	5	6	2	3		30
	12.0%	25.9%	1.9%	12.5%	9.3%	17.6%	18.2%	37.5%	0.0%	12.7%
(3)委託	1	9	0	2	2	2	0	1	0	17
	4.0%	33.3%	0.0%	8.3%	3.7%	5.9%	0.0%	12.5%	0.0%	7.2%
(4)ボランティア	0	0	0	1	0	0	1	0	0	2
	0.0%	0.0%	0.0%	4.2%	0.0%	0.0%	9.1%	0.0%	0.0%	0.8%
正職員＋非正規など	7	3	6	9	11	8	3	1	0	48
	28.0%	11.1%	11.3%	37.5%	20.4%	23.5%	27.3%	12.5%	0.0%	20.3%
無回答	1	0	0	1	4	1	3	0	0	10
	4.0%	0.0%	0.0%	4.2%	7.4%	2.9%	27.3%	0.0%	0.0%	4.2%
総計	25	27	53	24	54	34	11	8	1	237

(2) 多様な文化的・言語的背景を持つ職員

第1部 問2-2 日本国籍を持たない方や日本語が母語でない方が図書館にいますか。
　＊正規職員／非正規職員を問いません。委託職員・ボランティア等も含めてお答えください。
　（1）いる　　　　　（2）以前（最近5年前くらい）いたが今はいない
　（3）いない　　　（4）わからない　　　　　　　　　　　　（N=1182 全図書館）

第2部 問2-2-2 日本国籍を持たない方や日本語が母語でない方が図書館にいる場合、担当している業務をチェックしてください。　（複数回答可）
　（1）選書・整理業務　（2）利用案内等の作成　（3）ホームページなどの作成
　（4）カウンター業務　（5）おはなし会などの児童サービス　（6）その他（具体的に）
　　　　　　　　　　　　　　　　　　　　　　　　　　　　　　　（N=31 該当館）

---

(2)-1．多様な文化的・言語的背景を持つ職員の有無

日本国籍を持たない職員や日本語が母語でない職員が「いる」と回答したのは，31館（2.6%），「以前いた」11館を含めても42館（3.6%）にとどまる。

表2-4　多様な文化的・言語的背景を持つ職員の有無　　（単位：館）

	都道府県	東京23区	政令市	市町村 30万人以上	30万人未満	10万人未満	5万人未満	3万人未満	1万人未満	全体
(1)いる	4	2	4	1	5	5	5	2	3	31
(2)以前いた	1	1	1	1	1	1	5			11
(3)いない	38	34	67	47	173	209	165	235	113	1081
(4)わからない	6	16	13	5	3	4	1			48
無回答	1		1	1	2	2	2	2		11
総計	50	53	85	55	183	221	178	239	118	1182

図2-2　多様な文化的・言語的背景を持つ職員の有無　　（単位：%）

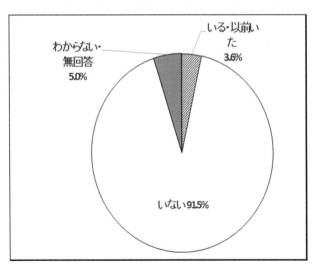

(2)-2. 多様な文化的・言語的背景を持つ職員の雇用形態と人数

　日本国籍を持たない職員や日本語が母語でない職員がいる図書館 31 館のうち，正職員として雇用しているのは 4 館で，それらの図書館は大規模自治体ではなく，人口 30 万人未満の市町村である。最も多いのはボランティアで 14 館 32 人，非正規職員が 11 館 13 人でそれに続く。また表 2-6 で見られるように，全体でも 52 人と非常に少ない上に，正職員は 4 人のみで，ボランティアが全体の 61.5％を占めた。

表 2-5　文化的・言語的に多様な職員の雇用形態＋人数別集計　　（単位：館）

	(人)	都道府県	東京23区	政令市	市町村 30万人以上	30万人未満	10万人未満	5万人未満	3万人未満	1万人未満	全体
正職員	1人					2			1	1	4
非正規	1人	1	1	1	1	1	2	2	1		10
	3人	1									1
委託	1人		1								1
	2人					1					1
ボランティア	1人	1			1	1	3		2		8
	2人			1		1					2
	3人			2							2
	4人	1									1
	10人					1					1

表 2-6　文化的・言語的に多様な職員の雇用形態別構成　　（単位：人）

	都道府県	東京23区	政令市	市町村 30万人以上	30万人未満	10万人未満	5万人未満	3万人未満	1万人未満	全体
(1)正職員					2			1	1	4
(2)非正規	4	1	1	1	1	2	2	1		13
(3)委託		1			2					3
(4)ボランティア	5		8		1	13	3		2	32
合計	9	2	9	1	6	15	5	2	3	52

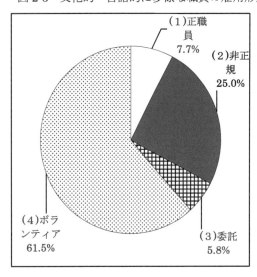

図 2-3　文化的・言語的に多様な職員の雇用形態別構成　　（単位：％）

(2)-3. 多様な文化的・言語的背景を持つ職員の業務

　担当する業務としては，カウンター業務とお話し会などの児童サービスが多い。

表 2-7　多様な文化的・言語的背景を持つ職員の担当業務内容　（単位：館）

	都道府県	東京23区	政令市	市町村						全体
				30万人以上	30万人未満	10万人未満	5万人未満	3万人未満	1万人未満	
(1)選書・整理業務	1	2			3				1	7
(2)利用案内等の作成	1	2			2				1	6
(3)ホームページなどの作成	1				1				1	3
(4)カウンター業務	1	2	1	1	3	2	2	1	1	14
(5)おはなし会などの児童サービス		2	3		2	3	2		3	15
(6)その他	2	1	1		3	1	2	2	1	13

＜その他＞

　その他の業務として，利用案内やホームページ等の翻訳補助，トークイベント，ポスター，チラシ作成，レファレンス，国際交流員としての業務（市民との交流），移動図書館（貸出，読み聞かせ，海外文化の紹介），庶務，書架整理，修繕，図書館ガイドツアー等，他の非常勤職員と同様の業務が挙げられた。

(3) 外国語対応可能な職員

第1部 問 2-3　外国語で簡単なカウンター対応ができる職員がいますか。

　＊貸出・返却などの定型的なやりとりができる範囲での対応で結構です。

　＊窓口に配属されていない職員も含めた館内の職員全員を対象としてください。

　　　（1）いる　　　（2）いない　　　　　　　　　　　　　　（N=1182 全図書館）

　（1）いる場合，対応できる言語にチェックしてください。（複数回答可）

　　　a）英語　　b）中国語　　c）韓国・朝鮮語　　d）スペイン語　　e）ポルトガル語

　　　f）　その他の言語　　　　　　　　　　　　　　　　　　　（N=479 該当館）

---

(3)-1. 外国語でカウンター対応可能な職員の有無

　全体で約4割の図書館が対応できる職員がいると回答した。東京 23 区の割合が際立って高い。人口の少ない市町村の図書館ではその割合がかなり下がる。

表 2-8　外国語でカウンター対応可能な職員の有無　（単位：館）

	都道府県	東京23区	政令市	市町村						全体
				30万人以上	30万人未満	10万人未満	5万人未満	3万人未満	1万人未満	
(1)いる	32	44	54	33	105	93	46	51	21	479
(2)いない	18	9	31	22	78	127	129	183	93	690
無回答						1	3	5	4	13
総計	50	53	85	55	183	221	178	239	118	1182

図 2-4　外国語でカウンター対応可能な職員の有無　（単位：%）

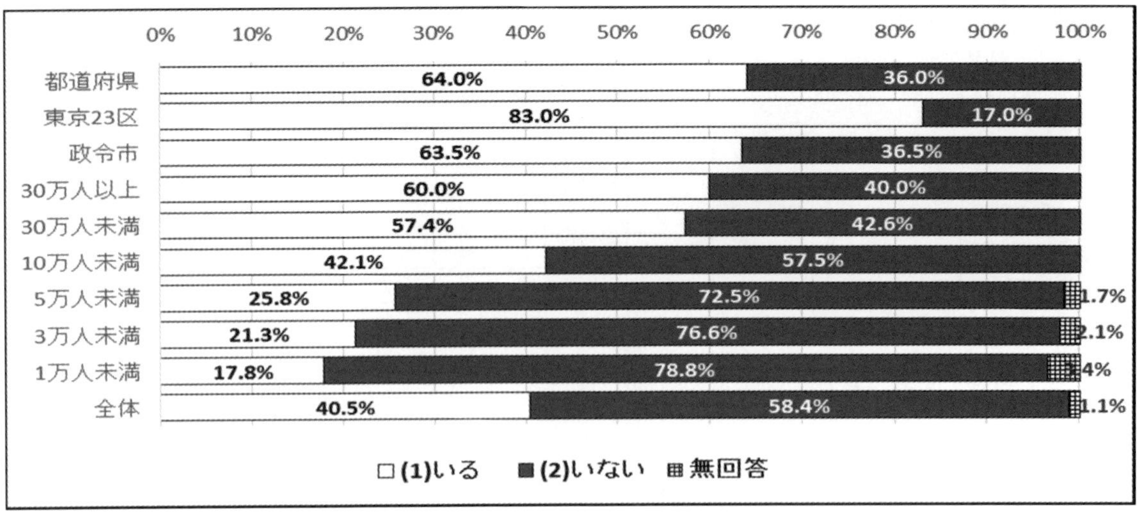

(3)-2. 対応可能な言語

　　479 の図書館が，外国語で対応できる職員がいると回答したが，対応できる言語（複数回答可）
としては，圧倒的に英語（460 館）が多く，中国語（55 館）と韓国・朝鮮語（38 館）が続く。

表 2-9　カウンター対応可能と回答した図書館の対応できる言語別集計　（単位：館）

	都道府県	東京23区	政令市	市町村						全体
				30万人以上	30万人未満	10万人未満	5万人未満	3万人未満	1万人未満	
a英語	31	44	52	32	101	84	45	51	20	460
b中国語	5	4	9	6	13	10	2	6		55
c韓国・朝鮮語	3	6	3	5	9	8	2	2		38
dスペイン語	2	1	2	3	3	3		1		15
eポルトガル語	1	1	1		2	1				6
fその他	3	4	2	3	2	5	1	1	1	22

＜その他＞

　　イタリア語，インドネシア語，スウェーデン語，タイ語，ドイツ語，フランス語，ロシア語

2.3 資　料

2.3.1 図　書

(1) 外国語図書の所蔵

第1部 問3-1　本文が外国語の図書を所蔵していますか。
　＊日本人の外国語学習のための辞書や語学学習書などは除きます
　＊出版国にかかわらず，本文が外国語で書かれた図書があるかどうかでお答えください。
　　　（１）所蔵している　　　　　（２）所蔵していない　　　　　（N=1182 全図書館）
第2部 問3-1-1　[（１）にチェックした場合] 貴館で所蔵している外国語図書の冊数をお書きください。
　＊概数で結構です。
　　　（約）　　　　　冊　　うち児童書　　　　冊　　　　　　（N=1066 該当館）

---

(1)-1. 図書館全体の状況

都道府県と東京23区はすべての図書館，全体では1066館（90.2％）が外国語図書を所蔵していると回答しているが，人口段階が小さくなるほどその割合は低くなっており，人口1万人未満では88館（74.6％）である。

表 3-1-1　外国語図書所蔵の有無　（単位：館）

	都道府県	東京23区	政令市	市町村 30万人以上	30万人未満	10万人未満	5万人未満	3万人未満	1万人未満	全体
(1)所蔵している	50	53	82	52	174	212	159	196	88	1066
(2)所蔵していない			3	3	9	8	17	41	29	110
無回答						1	2	2	1	6
総計	50	53	85	55	183	221	178	239	118	1182

図 3-1-1　外国語図書所蔵の有無　（単位：％）

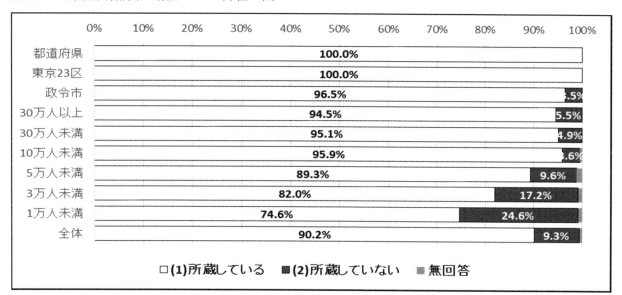

(1)-2. サービスエリアに外国人コミュニティがあると回答した図書館の状況

　　外国人コミュニティがあると回答した153館のうち149館（97.4％）が外国語資料を所蔵しており，図書館全体の集計よりその割合が高い。

表 3-1-2　外国人コミュニティがあると回答した図書館と外国語図書の所蔵とのクロス集計　（単位：館）

	都道府県	東京23区	政令市	市町村						全体
				30万人以上	30万人未満	10万人未満	5万人未満	3万人未満	1万人未満	
(1)所蔵している	15	14	24	7	37	23	15	11	3	149
(2)所蔵していない			1				2			3
無回答						1				1
総計	15	14	25	7	37	24	17	11	3	153

(1)-3. 外国語図書の所蔵冊数

　　図書館全体では，③100冊以上500冊未満の図書館が最も多い。都道府県立図書館は，半数近くが1万冊以上の外国語図書を所蔵している。東京23区，政令市，人口10万人以上の市町村の図書館では1000冊以上5000冊未満の外国語図書を所蔵する館が多い。

表 3-1-3　外国語図書の所蔵冊数：全体数　（単位：上段＝館，下段＝％）

	都道府県	東京23区	政令市	市町村						全体
				30万人以上	30万人未満	10万人未満	5万人未満	3万人未満	1万人未満	
①50冊未満	0	5	4	1	1	8	14	32	26	91
	0.0%	9.4%	4.9%	1.9%	0.6%	3.8%	8.8%	16.3%	29.5%	8.5%
②100冊未満	0	1	5	1	5	11	21	29	23	96
	0.0%	1.9%	6.1%	1.9%	2.9%	5.2%	13.2%	14.8%	26.1%	9.0%
③500冊未満	1	7	15	6	32	82	80	97	33	353
	2.0%	13.2%	18.3%	11.5%	18.4%	38.7%	50.3%	49.5%	37.5%	33.1%
④1000冊未満	1	8	15	5	40	45	26	20	1	161
	2.0%	15.1%	18.3%	9.6%	23.0%	21.2%	16.4%	10.2%	1.1%	15.1%
⑤5000冊未満	10	20	25	23	76	56	10	5	0	225
	20.0%	37.7%	30.5%	44.2%	43.7%	26.4%	6.3%	2.6%	0.0%	21.1%
⑥1万冊未満	14	8	8	10	8	1	0	1	0	50
	28.0%	15.1%	9.8%	19.2%	4.6%	0.5%	0.0%	0.5%	0.0%	4.7%
⑦1万冊以上	23	4	10	5	6	1	0	0	0	49
	46.0%	7.5%	12.2%	9.6%	3.4%	0.5%	0.0%	0.0%	0.0%	4.6%
無回答	1	0	0	1	6	8	8	12	5	41
	2.0%	0.0%	0.0%	1.9%	3.4%	3.8%	5.0%	6.1%	5.7%	3.8%
総計	50	53	82	52	174	212	159	196	88	1066

(1)-4. 児童書の所蔵冊数

全体集計では④100 冊以上 500 冊未満の児童書を所蔵する図書館が 420 館（39.4%）と最も多く，特に人口 1 万人以上 10 万人未満の市町村の図書館に顕著である。人口 1 万人未満の市町村の図書館では，50 冊未満，都道府県立図書館では，1000 冊以上 5000 冊未満が 19 館（38.0%）で最も多い。

表 3-1-4　児童書の所蔵冊数　　　　（単位：上段＝館，　下段＝%）

| | 都道府県 | 東京23区 | 政令市 | 市町村 | | | | | | 全体 |
				30万人以上	30万人未満	10万人未満	5万人未満	3万人未満	1万人未満	
①所蔵せず	3	1	1	0	0	0	3	6	1	15
	6.0%	1.9%	1.2%	0.0%	0.0%	0.0%	1.9%	3.1%	1.1%	1.4%
②50冊未満	0	4	5	1	5	16	27	45	39	142
	0.0%	7.5%	6.1%	1.9%	2.9%	7.5%	17.0%	23.0%	44.3%	13.3%
③100冊未満	0	2	7	1	10	16	24	38	23	121
	0.0%	3.8%	8.5%	1.9%	5.7%	7.5%	15.1%	19.4%	26.1%	11.4%
④500冊未満	7	15	34	13	60	109	81	83	18	420
	14.0%	28.3%	41.5%	25.0%	34.5%	51.4%	50.9%	42.3%	20.5%	39.4%
⑤1000冊未満	7	12	13	8	49	34	8	9	1	141
	14.0%	22.6%	15.9%	15.4%	28.2%	16.0%	5.0%	4.6%	1.1%	13.2%
⑥5000冊未満	19	15	14	21	36	26	3	1	0	135
	38.0%	28.3%	17.1%	40.4%	20.7%	12.3%	1.9%	0.5%	0.0%	12.7%
⑦1万冊未満	5	1	5	2	1	0	0	0	0	14
	10.0%	1.9%	6.1%	3.8%	0.6%	0.0%	0.0%	0.0%	0.0%	1.3%
⑧1万冊以上	2	1	1	2	0	0	0	0	0	6
	4.0%	1.9%	1.2%	3.8%	0.0%	0.0%	0.0%	0.0%	0.0%	0.6%
無回答	7	2	2	4	13	11	13	14	6	72
	14.0%	3.8%	2.4%	7.7%	7.5%	5.2%	8.2%	7.1%	6.8%	6.8%
総計	50	53	82	52	174	212	159	196	88	1066

(1)-5. 外国語図書全体に占める児童書の割合

人口段階の小さい自治体の図書館ほど外国語図書全体のなかで児童書の占める割合が大きい。

表 3-1-5　外国語図書全体に占める児童書の割合　　（単位：上段＝館，　下段＝%）

| | 都道府県 | 東京23区 | 政令市 | 市町村 | | | | | | 全体 |
				30万人以上	30万人未満	10万人未満	5万人未満	3万人未満	1万人未満	
①0%	9	3	3	3	7	4	10	10	3	52
	18.0%	5.7%	3.7%	5.8%	4.0%	1.9%	6.3%	5.1%	3.4%	4.9%
②10%未満	11	2	3	4	7	2	2	2	5	38
	22.0%	3.8%	3.7%	7.7%	4.0%	0.9%	1.3%	1.0%	5.7%	3.6%
③20%未満	7	4	5	5	11	12	6	6	4	60
	14.0%	7.5%	6.1%	9.6%	6.3%	5.7%	3.8%	3.1%	4.5%	5.6%
④30%未満	10	10	14	6	13	7	4	5	5	74
	20.0%	18.9%	17.1%	11.5%	7.5%	3.3%	2.5%	2.6%	5.7%	6.9%
④50%未満	6	15	23	7	50	45	26	22	5	199
	12.0%	28.3%	28.0%	13.5%	28.7%	21.2%	16.4%	11.2%	5.7%	18.7%
⑤80%未満	5	8	19	12	51	72	54	63	24	308
	10.0%	15.1%	23.2%	23.1%	29.3%	34.0%	34.0%	32.1%	27.3%	28.9%
⑥100%未満	0	5	8	7	20	38	27	42	19	166
	0.0%	9.4%	9.8%	13.5%	11.5%	17.9%	17.0%	21.4%	21.6%	15.6%
⑦100%	1	6	7	7	9	24	22	34	18	128
	2.0%	11.3%	8.5%	13.5%	5.2%	11.3%	13.8%	17.3%	20.5%	12.0%
無回答	1	0	0	1	6	8	8	12	5	41
	2.0%	0.0%	0.0%	1.9%	3.4%	3.8%	5.0%	6.1%	5.7%	3.8%
総計	50	53	82	52	174	212	159	196	88	1066

(2) 言語別外国語図書の所蔵

> 第2部 問3-1-2 ［外国語で書かれた図書を所蔵している場合］どんな言語の図書を所蔵していますか。（複数回答可）
> ＊10冊以上所蔵している言語の図書を記入してください。
> a）英語　　　　□一般書　□児童書　　b）中国語　　　□一般書　□児童書
> c）韓国・朝鮮語　□一般書　□児童書　　d）スペイン語　　□一般書　□児童書
> e）ポルトガル語　□一般書　□児童書　　f）ドイツ語　　　□一般書　□児童書
> g）フランス語　　□一般書　□児童書
> h）上記以外の言語　□一般書　□児童書（具体的言語名）　　　（N=1066 該当館）

　言語別では英語の図書を所蔵する図書館が圧倒的に多いことがわかる。また，どの言語でも一般書より児童書を所蔵する図書館が多い。

表 3-1-6　言語別所蔵外国語図書　（単位：館）

		都道府県	東京23区	政令市	市町村 30万人以上	30万人未満	10万人未満	5万人未満	3万人未満	1万人未満	全体
一般書	a)英語	48	47	69	43	158	178	125	134	53	855
	b)中国語	46	27	50	24	58	45	18	9	1	278
	c)韓国・朝鮮語	43	24	40	23	51	30	10	4	1	226
	d)スペイン語	26	10	21	14	30	19	10	3	1	134
	e)ポルトガル語	23	4	17	13	33	25	10	1		126
	f)ドイツ語	32	13	18	13	29	18	6	4		133
	g)フランス語	33	16	19	15	26	18	8	3	3	141
児童書	a)英語	45	52	77	50	167	204	147	170	77	989
	b)中国語	37	28	46	29	60	64	26	24	5	319
	c)韓国・朝鮮語	34	27	43	30	66	67	28	22	5	322
	d)スペイン語	26	17	26	19	52	51	17	22	2	232
	e)ポルトガル語	25	3	17	14	43	52	16	20	3	193
	f)ドイツ語	29	17	25	22	57	45	16	19	2	232
	g)フランス語	30	22	24	24	51	51	14	21	3	240
h)上記以外の言語(一般・児童)		28	9	18	11	21	18	10	15	1	131

図 3-1-2　言語別所蔵外国語図書　（単位：館）

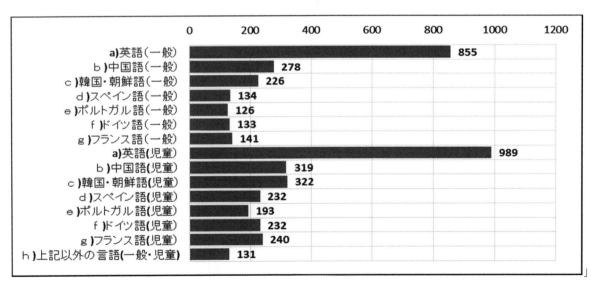

＜上記以外の言語＞　＊回答のあった上位10言語

　　　一般書：ロシア語，イタリア語，タイ語，タガログ語，ベトナム語，インドネシア語，
　　　　　　　オランダ語，アラビア語，スウェーデン語，ペルシア語，マライ語
　　　児童書：ロシア語，イタリア語，タイ語，スウェーデン語，オランダ語，デンマーク語，
　　　　　　　タガログ語，ノルウェー語，ベトナム語，アラビア語，ギリシア語

(3) 分野別外国語図書の所蔵

第2部 問 3-1-3 ［外国語で書かれた図書を所蔵している場合］所蔵の多い分野は何ですか。

（複数回答可）

　＜一般書＞　a)日本語学習教材（図書・CD等含む）　b)自国語（母語）学習
　　　　　　　c)地域の生活情報　　　d)実用書（料理・趣味など）
　　　　　　　e)小説・随筆（日本語以外が原作）f)小説・随筆（日本語原作の翻訳）
　　　　　　　g)日本文化・歴史の紹介　　h)その他（具体的に）
　＜児童書＞　i)絵本　　　j)童話　　　k)昔話　　　l)日本語学習　m)自国語（母語）学習
　　　　　　　n)その他（具体的に）　　　　　　　　　　　　　　（N=1066 該当館）

　　所蔵の最も多い分野は，一般書は小説・随筆（日本語以外が原作），児童書は絵本であった。

表 3-1-7　分野別外国語図書の所蔵　　（単位：館）

| | | 都道府県 | 東京23区 | 政令市 | 市町村 | | | | | | 全体 |
					30万人以上	30万人未満	10万人未満	5万人未満	3万人未満	1万人未満	
一般書	a)日本語学習教材	6	6	10	7	21	17	10	9	2	88
	b)自国語(母語)学習	2	1	1	1	3	8	5	4	1	26
	c)地域の生活情報	1	3	3	3	5	3	7	7	7	39
	d)実用書(料理・趣味など)	9	16	26	15	43	35	26	16	4	190
	e)小説・随筆(日本語以外が原作)	40	38	59	38	131	136	84	89	28	643
	f)小説・随筆(日本語原作の翻訳)	33	25	38	28	70	91	53	53	11	402
	g)日本文化・歴史の紹介	23	19	18	20	57	54	31	30	8	260
	h)その他(具体的に)	11	4	5	4	5	16	7	16	4	72
児童書	i)絵本	44	52	79	50	169	210	147	178	77	1006
	j)童話	17	16	24	18	49	51	34	42	19	270
	k)昔話	7	10	10	10	33	38	28	31	12	179
	l)日本語学習	1			1	3	4	5	2	1	17
	m)自国語(母語)学習			1	2	3	1	5	2	2	16
	n)その他(具体的に)	3			3	1	4	1	2	1	15

27

図 3-1-3　分野別外国語図書の所蔵　（単位：館）

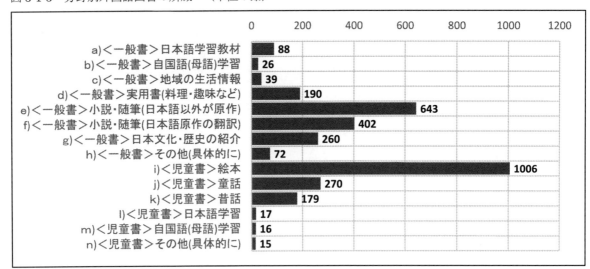

<その他>
　　一般書：　漫画，友好都市・姉妹都市関係，画集，写真集，多読資料
　　児童書：　物語，漫画，よみもの，教科書，NDC2門・9門

(4) よく利用される分野の外国語図書

第2部 問 3-1-4　［外国語で書かれた図書を所蔵している場合］よく利用される分野は何ですか。
（複数回答可）
<一般書> a)日本語学習教材（図書・CD等含む）　b)自国語（母語）学習
　　　c)地域の生活情報　　　d)実用書（料理・趣味など）
　　　e)小説・随筆（日本語以外が原作）　f)小説・随筆（日本語原作の翻訳）
　　　g)日本文化・歴史の紹介　　h)その他（具体的に）
<児童書> i)絵本　　j)童話　　k)昔話　　l)日本語学習　m)自国語（母語）学習
　　　n)その他（具体的に　　）
（N=1066該当館）

　所蔵の多い分野と同じく，一般書は小説・随筆（日本語以外が原作），児童書は絵本の利用が多い。「その他」の記述回答では，漫画や多読資料などが挙げられたが，「利用がない」という回答がかなりあり，その原因を探る必要がある。

表 3-1-8　よく利用される分野の外国語図書　　（単位：館）

		都道府県	東京23区	政令市	市町村 30万人以上	市町村 30万人未満	市町村 10万人未満	市町村 5万人未満	市町村 3万人未満	市町村 1万人未満	全体
一般書	a)日本語学習教材	9	6	22	8	16	12	7	5	1	86
一般書	b)自国語(母語)学習	3	1	4		2	4	4	1	2	21
一般書	c)地域の生活情報		2		2	3	2	1		4	14
一般書	d)実用書(料理・趣味など)	8	9	18	4	21	20	8	7	3	98
一般書	e)小説・随筆(日本語以外が原作)	36	38	55	33	103	89	44	43	10	451
一般書	f)小説・随筆(日本語原作の翻訳)	25	21	27	17	45	47	24	19	3	228
一般書	g)日本文化・歴史の紹介	16	6	17	9	25	26	16	9	3	127
一般書	h)その他	11	3	3	5	8	11	4	11	3	59
児童書	i)絵本	43	51	77	47	158	202	133	163	62	936
児童書	j)童話	9	11	18	11	25	30	14	20	8	146
児童書	k)昔話	6	8	5	8	16	19	17	13	6	98
児童書	l)日本語学習			1	1	3	3	2			10
児童書	m)自国語(母語)学習	1	6			1	1	3		1	13
児童書	n)その他	2		2	1	4	2	4	5	1	21

図 3-1-4　よく利用される分野の外国語図書　　（単位：館）

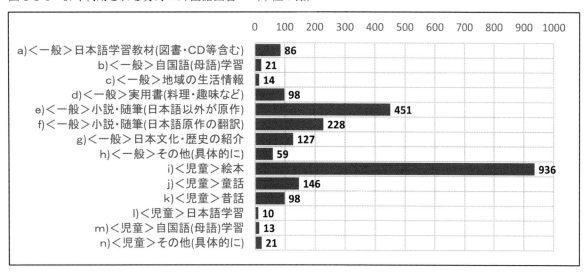

＜その他＞　＊（　）内は回答した図書館数を表す。

　　一般書：　利用がない（18），漫画（10），多読資料（6），外国の教科書（2），旅行ガイド　など
　　児童書：　利用がない（12），漫画（3），外国語学習，小説，調べもの用の本　など

(5) 外国語図書の購入実績

第2部 問3-1-5　［外国語で書かれた図書を所蔵している場合］，2012（平成24）年度以降，外国語図書を購入しましたか。

　　＊冊数については，概数：約100冊などでも結構です。

　　　2012（平成24）年度　（1）購入した　（　　　冊）（2）購入実績なし

　　　2013（平成25）年度　（1）購入した　（　　　冊）（2）購入実績なし

　　　2014（平成26）年度　（1）購入した　（　　　冊）（2）購入実績なし

（N=1066 該当館）

---

(5)-1.外国語図書を所蔵する図書館全体の状況

　各年度で「購入実績なし」と回答した館が最も多い。2012年度494館（46.3%），2013年度476館（44.7%），2014年度441館（41.4%）と40%以上に上る。人口段階の小さい市町村に購入実績が無いという回答が顕著であり，「不明・無回答」が多いのも目立つ。全体の購入実績として多いのは1冊～49冊の範囲だが，1000冊以上購入している図書館も数館みられる。

表3-1-9　外国語図書購入実績（2012～2014年度）　　　（単位：館）

		都道府県	東京23区	政令市	市町村 30万人以上	30万人未満	10万人未満	5万人未満	3万人未満	1万人未満	全体
2012年度	購入実績なし	6	14	16	15	58	91	93	133	68	494
	1～9冊	7	9	9	2	34	53	24	18	4	160
	10～49冊	12	10	29	12	34	41	16	13	5	172
	50～99冊	6	3	10	6	8	5	4	4		46
	100～499冊	11	13	10	13	22	6		2		77
	500～999冊	2		2	1				1		6
	1000冊以上	3	1	2							6
	不明・無回答	3	3	4	3	18	16	22	25	11	105
2013年度	購入実績なし	6	14	15	15	54	85	94	129	64	476
	1～9冊	10	8	12	4	37	51	21	26	9	178
	10～49冊	12	10	31	12	36	46	21	13	5	186
	50～99冊	5	6	8	4	12	8	2	1		46
	100～499冊	11	14	10	13	15	6	1	2		72
	500～999冊	3		1	1	1	1				7
	1000冊以上	1		2	1						4
	不明・無回答	2	1	3	2	19	15	20	25	10	97
2014年度	購入実績なし	5	13	13	13	50	78	83	124	62	441
	1～9冊	11	8	13	3	36	56	29	33	10	199
	10～49冊	11	8	30	12	37	56	22	18	4	198
	50～99冊	8	9	10	7	12	5	3	1		55
	100～499冊	10	14	12	13	19	5	2	2		77
	500～999冊	3	1	1		2	1		1		9
	1000冊以上	1		2	1						4
	不明・無回答	1		1	3	18	11	20	17	12	83

(5)-2. サービスエリアに外国人コミュニティがあると回答した図書館の状況

　外国人コミュニティがあると回答し，かつ外国語図書を所蔵している図書館（149館）では，「購入実績なし」と回答した館が，2012年度42館（28.2%），2013年度43館（28.9%），2014年度36館（24.2%）となり，全体の集計と比較するとかなり低い。

表 3-1-10　外国人コミュニティがあると回答した図書館と外国語図書購入実績とのクロス集計　　（単位：館）

| | | 都道府県 | 東京23区 | 政令市 | 市町村 | | | | | | 全体 |
					30万人以上	30万人未満	10万人未満	5万人未満	3万人未満	1万人未満	
2012年度	購入実績なし	2	3	1		10	6	11	7	2	42
	1～9冊	1	1	1		8	6	1	1		19
	10～49冊	4	2	11	4	8	8	2	2	1	42
	50～99冊	1		5		3			1		10
	100～499冊	3	5	4	3	6	2				23
	500～999冊	1		1							2
	1000冊以上	2	1	1							4
	不明・無回答	1	2			2	1	1			7
2013年度	購入実績なし	2	4	2		10	7	10	5	3	43
	1～9冊	2	1	1	1	8	4	2	4		23
	10～49冊	5	1	10	4	9	6	1	2		38
	50～99冊		3	5		2	4	1			15
	100～499冊	3	5	4	2	5	1				20
	500～999冊	3		1							4
	1000冊以上			1							1
	不明・無回答					3	1	1			5
2014年度	購入実績なし	2	3			10	4	8	6	3	36
	1～9冊	2		2		4	7	4	3		22
	10～49冊	3	4	10	3	10	8	2	2		42
	50～99冊	3	2	5	2	3	3				18
	100～499冊	2	4	5	2	6	1				20
	500～999冊	3	1								4
	1000冊以上			2							2
	不明・無回答					4		1			5

(6) 外国語図書の収集開始時期

第2部 問3-1-6　［外国語で書かれた図書を所蔵している場合］収集開始時期についてお答えください。

　　a）1980年以前　　　　b）1981年～2000年の間

　　c）2001年以降　　　　d）わからない　　　　　　　　　　（N=1066 該当館）

　1981年～2000年にかけて収集を開始した図書館が最も多い。これはバブル景気による資料費の増加や在住外国人の急増などと関連していると思われる。しかし，「わからない」と「無回答」を合わせると約3割を占め，図書館業務の継続性に問題がありそうだ。

表 3-1-11　外国語図書の収集開始時期　　（単位：館）＊複数回答は最初の時期で集計

| | 都道府県 | 東京23区 | 政令市 | 市町村 | | | | | | 全体 |
				30万人以上	30万人未満	10万人未満	5万人未満	3万人未満	1万人未満	
a)1980年以前	27	12	7	9	21	6	4	6	5	97
b)1981年～2000年の間	8	20	37	25	88	118	67	67	22	452
c)2001年以降	1	5	17	6	15	36	31	53	26	190
d)わからない	13	16	21	12	42	49	50	59	28	290
無回答	1				8	3	7	11	7	37
総計	50	53	82	52	174	212	159	196	88	1066

図 3-1-5　外国語図書の収集開始時期　（単位：％）

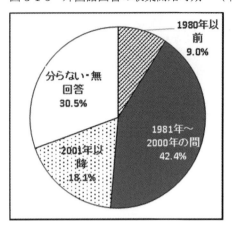

(7) 外国語資料コーナー

第2部 問 3-1-7　［外国語で書かれた図書を所蔵している場合］「外国語資料」あるいは「外国に関する資料」のコーナーを設置していますか。

　　　　（1）コーナーを設置している　　　（2）コーナーを設置していない　　（N=1066 該当館）
（1）コーナーを設置している場合，コーナーの名称と設置時期をお答えください。
　　　　　　　（例えば，「外国語資料コーナー」「ポルトガル語コーナー」等）
　　a）コーナー名
　　b）設置時期　　（　　　　　　　年）（西暦でお答えください）
　　c）コーナーには，日本語資料も含めていますか。
　　　　（a）外国語資料のみのコーナーを作っている。
　　　　（b）外国語資料に日本語資料も含めたコーナーを作っている。　（N=702 該当館）
（2）コーナーを設置していない場合，外国語資料の排架方法についてお答えください。
　　a）分類順に日本語図書と混排
　　b）全体的に日本語図書と混排しているが一部別置き　（その内容）
　　c）その他（具体的に）　　　　　　　　　　　　　　　　　　　（N=291 該当館）

---

(7)-1．コーナー設置の有無

　外国語資料のコーナーを設置していると回答した図書館は，702 館で全体の 65.9％である。人口段階の大きい自治体の図書館ほどその割合が高い。

表 3-1-12　外国語資料コーナー設置の有無　　（単位：館）

	都道府県	東京23区	政令市	市町村 30万人以上	30万人未満	10万人未満	5万人未満	3万人未満	1万人未満	全体
(1)設置している	44	39	66	44	142	151	92	99	25	702
(2)設置していない	5	12	11	4	22	47	57	80	53	291
無回答	1	2	5	4	10	14	10	17	10	73
総計	50	53	82	52	174	212	159	196	88	1066

図 3-1-6　外国語資料コーナー設置の有無　（単位：%）

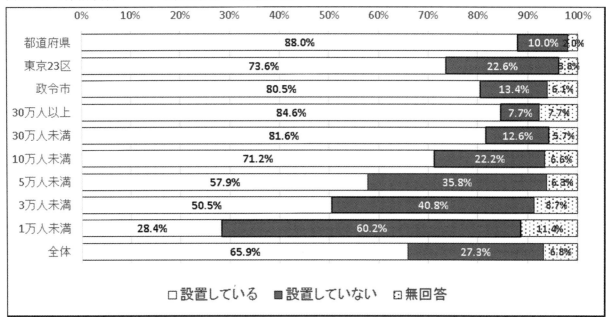

(7)-2．コーナーの名称

　　コーナー名はいくつかのパターンに分けられる。①言語名等を冠するもの（「外国語の本」「Foreign Books」「英語の本」「韓国語コーナー」「原書コーナー」），②多文化交流を目的とするもの（「多文化コーナー」「国際交流コーナー」），③姉妹都市にかかわるものなど（「姉妹都市コーナー」「（都市名）コーナー」）が代表的なものである。ほかに「多読コーナー」など，日本人の外国語学習支援を目的としたコーナーも複数の図書館で見られる。

(7)-3．設置時期

　　コーナーを設置していると回答した図書館（702館）が記述した設置時期を10年ごとに集計した。2001〜2010年にコーナー設置をしたところが最も多く，全体の26.4%を占める。次いで1991年〜2000年にかけて設置されており，1991年以降2010年までに設置した図書館は，全体の51.6%を占める。

表 3-1-13 コーナー設置時期 　　　（単位：上段＝館，下段＝％）

	都道府県	東京23区	政令市	市町村 30万人以上	30万人未満	10万人未満	5万人未満	3万人未満	1万人未満	全体
1970年以前	1	0	0	0	0	1	0	0	0	2
	2.3%	0.0%	0.0%	0.0%	0.0%	0.7%	0.0%	0.0%	0.0%	0.3%
1980年以前	1	0	2	1	6	3	0	0	0	13
	2.3%	0.0%	3.0%	2.3%	4.2%	2.0%	0.0%	0.0%	0.0%	1.9%
1990年以前	5	5	9	7	22	15	7	7	0	77
	11.4%	12.8%	13.6%	15.9%	15.5%	9.9%	7.6%	7.1%	0.0%	11.0%
2000年以前	11	4	14	12	32	47	18	29	10	177
	25.0%	10.3%	21.2%	27.3%	22.5%	31.1%	19.6%	29.3%	40.0%	25.2%
2010年以前	15	3	18	9	35	34	31	30	10	185
	34.1%	7.7%	27.3%	20.5%	24.6%	22.5%	33.7%	30.3%	40.0%	26.4%
2010年以降	3	7	5	6	12	15	15	14	5	82
	6.8%	17.9%	7.6%	13.6%	8.5%	9.9%	16.3%	14.1%	20.0%	11.7%
不明・無回答	8	20	18	9	35	36	21	19	0	166
	18.2%	51.3%	27.3%	20.5%	24.6%	23.8%	22.8%	19.2%	0.0%	23.6%
総計	44	39	66	44	142	151	92	99	25	702

図 3-1-7 コーナー設置時期 　　（単位：％）

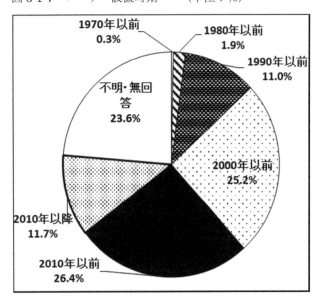

(7)-4. コーナーに排架した資料

　　ほとんどの場合，外国語資料のみのコーナーを設置しており，コーナーに日本語資料を混排しているところはわずか15館であった。

表 3-1-14 外国語資料コーナーの資料 　（単位：館）

	都道府県	東京23区	政令市	市町村 30万人以上	30万人未満	10万人未満	5万人未満	3万人未満	1万人未満	全体
(a)外国語資料のみ	32	28	49	34	107	121	71	71	20	533
(b)外国語資料＋日本語資料	1		1	1	7	4	1			15
無回答・無効	11	11	16	9	28	26	20	28	5	154
総計	44	39	66	44	142	151	92	99	25	702

(7)-5. コーナーを設置していない場合の外国語資料の排架方法

　表 3-1-12 でコーナーを設置していないと回答した図書館 291 館の場合，日本語図書と混排しているが一部別置きという回答が最も多かった。

表 3-1-15　外国語資料の排架方法　　（単位：館）

| | 都道府県 | 東京23区 | 政令市 | 市町村 | | | | | | 全体 |
				30万人以上	30万人未満	10万人未満	5万人未満	3万人未満	1万人未満	
a)日本語図書と混排		2		1	5	10	16	24	19	77
b)混排(一部別置き)	2	6	4	2	8	22	22	31	17	114
c)その他(具体的に)	3	3	7		6	10	10	11	9	59
無回答		1		1	3	5	9	14	8	41
合計	5	12	11	4	22	47	57	80	53	291

(7)-6. コーナーに関する記述回答

・全体的に日本語図書と混排しているが一部別置き（その内容）

　外国語の絵本を別置，絵本コーナーの一部に配置，各分類の書架の最後に外国語資料を配置する，などの回答があった。

・その他の設置方法

　コーナー名はなく別置，書庫に保管，各分類の最後・書架の一部に配置，ほとんど個人からの寄贈のためその個人のコーナーとなっている，姉妹都市との交流の一部としてとらえているので郷土資料室内に一括して排架している，中国語・英語・その他諸言語・洋書として日本語と分けてサインを掲げて設置，などの回答があった。

2.3.2　新聞・雑誌

(1) 外国語新聞・雑誌の所蔵

第 1 部 問 3-2　本文が外国語の新聞・雑誌を所蔵していますか。

　＊出版国にかかわらず，本文が外国語で書かれた新聞・雑誌があるかどうかでお答えください。

　（1）所蔵している　　（2）所蔵していない　　　　　　　　　　　（N=1182 全図書館）

第 2 部 問 3-2　外国語の新聞・雑誌を所蔵している場合，［それぞれのタイトル数をお答えください。］

　＊収集を停止したタイトルも含めて，利用者に提供できる数をお答えください。

　　新聞（　　　　種）　　　　　　雑誌（　　　　種）　　　　　（N=657 該当館）

(1)-1. 図書館全体の状況

　全体で 657 館（55.6%）が，外国語の新聞・雑誌を所蔵している。人口 5 万人未満の市町村の図書館では，「所蔵していない」という回答が「所蔵している」を上回った。図書の所蔵と比較すると，継続的に購入しなければならない新聞・雑誌に関しては，所蔵館の割合が少ない傾向がみられる。都道府県立ではすべての図書館が所蔵している。

表 3-2-1　外国語新聞・雑誌の所蔵状況　　（単位：館）

	都道府県	東京23区	政令市	市町村 30万人以上	30万人未満	10万人未満	5万人未満	3万人未満	1万人未満	全体
(1)所蔵している	50	49	72	44	167	140	72	57	6	657
(2)所蔵していない		4	13	11	16	80	102	178	110	514
無回答						1	4	4	2	11
総計	50	53	85	55	183	221	178	239	118	1182

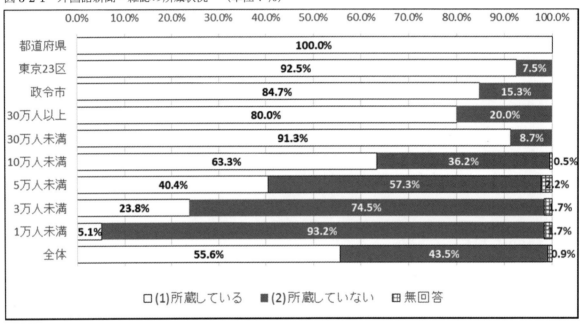

図 3-2-1　外国語新聞・雑誌の所蔵状況　　（単位：%）

(1)-2. サービスエリアに外国人コミュニティがあると回答した図書館の状況

　外国人コミュニティがあると回答した 153 館のうち 118 館（77.1%）が新聞・雑誌を所蔵しており，図書館全体に比べ高い数字なった。

表 3-2-2　外国人コミュニティがあると回答した図書館と外国語新聞・雑誌の所蔵とのクロス集計　　（単位：館）

	都道府県	東京23区	政令市	市町村 30万人以上	30万人未満	10万人未満	5万人未満	3万人未満	1万人未満	全体
(1)所蔵している	15	13	24	7	33	17	6	3		118
(2)所蔵していない		1	1		4	7	11	7	3	34
無回答								1		1
総計	15	14	25	7	37	24	17	11	3	153

(1)-3. 外国語新聞・雑誌の所蔵タイトル数

全体的に，外国語の新聞に関しては1～4紙，雑誌では1～9誌が最も多い。

表 3-2-3　外国語新聞・雑誌の所蔵タイトル数　　（単位：館）

		都道府県	東京23区	政令市	市町村 30万人以上	市町村 30万人未満	市町村 10万人未満	市町村 5万人未満	市町村 3万人未満	市町村 1万人未満	全体
新聞	①所蔵せず		1	1		6	5	4	5	1	23
	②1～4	33	39	59	37	146	123	63	44	5	549
	③5～9	9	6	5	6	7	3				36
	④10～29	4	2	4		1	1				12
	⑤30～49			1							1
	⑥50以上	1									1
	不明・無回答	3	1	2	1	7	8	5	8		35
	合計	50	49	72	44	167	140	72	57	6	657
雑誌	所蔵せず	2	11	14	2	33	36	29	15	1	143
	②1～9	18	27	42	31	92	67	22	17	2	318
	③10～29	6	8	5	6	8	2				35
	④30～49			1	2		3				6
	⑤50～99	7		1							8
	⑥100～499	9		2							11
	⑦500～999	2									2
	⑧1000以上	2									2
	不明・無回答	4	2	6	5	31	35	21	25	3	132
	総計	50	49	72	44	167	140	72	57	6	657

(2) 言語別外国語新聞・雑誌の所蔵状況

> 第2部 問3-2-1　[外国語の新聞・雑誌を所蔵している場合] 言語別所蔵状況をお書きくだ
> さい。　（複数回答可）
> a）英語　　　　　□新聞　□雑誌　　　b）中国語　　　　□新聞　□雑誌
> c）韓国・朝鮮語　□新聞　□雑誌　　　d）スペイン語　　□新聞　□雑誌
> e）ポルトガル語　□新聞　□雑誌　　　f）ドイツ語　　　□新聞　□雑誌
> g）フランス語　　□新聞　□雑誌
> h）上記以外の言語　□新聞　□雑誌　　（具体的言語名）　　　　　　　（N=657 該当館）

図書と同様に新聞・雑誌とも英語の所蔵が最も多く，次いで中国語，韓国・朝鮮語の順になった。

表 3-2-4 言語別外国語新聞・雑誌の所蔵状況 （単位：館）

		都道府県	東京23区	政令市	市町村 30万人以上	30万人未満	10万人未満	5万人未満	3万人未満	1万人未満	全体
新聞	a)英語	49	47	65	41	154	124	62	42	5	589
	b)中国語	28	15	20	12	20	12	1	4		112
	c)韓国・朝鮮語	22	11	13	8	12	6				72
	d)スペイン語	1	1	2							4
	e)ポルトガル語	2		1	1			1			5
	f)ドイツ語	3	1	4		1	1				10
	g)フランス語	4	3	4		5	1				17
	h)上記以外の言語	4	2	6	1	2					15
雑誌	a)英語	45	37	48	35	101	67	20	15	2	370
	b)中国語	26	19	18	10	18	5	2	2		100
	c)韓国・朝鮮語	23	12	15	8	9	4				71
	d)スペイン語	7	1	3		2	2				15
	e)ポルトガル語	10		3	5	6	4	1	1		30
	f)ドイツ語	18	5	5	3	5					36
	g)フランス語	22	7	7	3	8	2				49
	h)上記以外の言語	10	4	4		3					21

＜上記以外の言語＞

新聞： ベトナム語，ロシア語，イタリア語，タイ語，タガログ語，インドネシア語，シンハラ語，マレー語，アラビア語，ヒンディー語，ペルシア語，ベンガル語，ミャンマー語

雑誌： イタリア語，ロシア語，タイ語，インドネシア語，マレー語，タガログ語，ベトナム語，アラビア語，エスペラント語，シンハラ語，ペルシア語，ベンガル語

(3) 自治体発行広報誌の言語別所蔵状況

第2部 問 3-2-2 ［外国語の新聞・雑誌を所蔵している場合］自治体発行の広報誌（紙）の言語別所蔵状況をお書きください。 （複数回答可）

＊日本語と他の言語併記の広報誌（紙）は，日本語以外の言語をチェックしてください。

a）英語 □新聞 □雑誌 b）中国語 □新聞 □雑誌
c）韓国・朝鮮語 □新聞 □雑誌 d）スペイン語 □新聞 □雑誌
e）ポルトガル語 □新聞 □雑誌 f）ドイツ語 □新聞 □雑誌
g）フランス語 □新聞 □雑誌
h）上記以外の言語 □新聞 □雑誌 （N=657 該当館）

広報誌に関しても，言語で多いのは英語，中国語，韓国・朝鮮語の順である。

表 3-2-5　言語別広報誌の所蔵状況　（単位：館）

		都道府県	東京23区	政令市	市町村						全体
					30万人以上	30万人未満	10万人未満	5万人未満	3万人未満	1万人未満	
広報誌（新聞）	a)英語	3	17	6	4	16	11	1			58
	b)中国語	1	7	2	2	8	2		1		23
	c)韓国・朝鮮語	1	6	2	2	3	1				15
	d)スペイン語	1		2		6	2				11
	e)ポルトガル語	1		2	1	4	3	2			13
	f)ドイツ語										0
	g)フランス語										0
	h)上記以外の言語	2		1		1	1				5
広報誌（雑誌）	a)英語	9	20	8	5	11	4	1			58
	b)中国語	8	20	7	2	3	2				42
	c)韓国・朝鮮語	7	20	7	1	1					36
	d)スペイン語	2		7	2	3	1				15
	e)ポルトガル語	4		7	2	6	4		1		24
	f)ドイツ語			1							1
	g)フランス語			1							1
	h)上記以外の言語	4	10	4				1	1		20

＜上記以外の言語＞

新聞：　カンボジア語，タイ語，ベトナム語，タガログ語

雑誌：　タガログ語，ベトナム語，インドネシア語，タイ語，やさしい日本語，フィリピン語，ロシア語

(4) 外国語雑誌の排架方法

> **第2部 問3-2-3**　［外国語の新聞・雑誌を所蔵している場合］，外国語の雑誌の排架方法についてお答えください。
> （1）日本語の雑誌と同じ場所に排架　（2）外国語資料のコーナーに排架
> （3）その他の場所（具体的に）　　　　　　　　　　　　　　　（N=657 該当館）

　日本語の雑誌と同じ場所に排架するという回答が半数以上を占めたが，無回答も243館（37.0%）あった。

表 3-2-6　外国語雑誌の排架方法　（単位：館）

	都道府県	東京23区	政令市	市町村						全体
				30万人以上	30万人未満	10万人未満	5万人未満	3万人未満	1万人未満	
(1)日本語雑誌と同じ	30	38	47	33	91	71	24	19	2	355
(2)外国語資料コーナー	8	3	9	2	15	3		3		43
(3)他回答	8	1	1	2	3	1				16
無回答	4	7	15	7	58	65	48	35	4	243
総計	50	49	72	44	167	140	72	57	6	657

＜その他＞

　　外国語雑誌コーナー，外国語資料の棚付近に排架，パンフレットコーナー，郷土資料コーナー，新聞コーナー，児童雑誌はすべて書庫　など

2.3.3　視聴覚資料

(1) 視聴覚資料の所蔵

第1部 問3-3　視聴覚資料を所蔵していますか。

＊日本語の資料も含めてお答えください。

＊個人利用を前提とした資料に限定し，上映会用の 16mm フィルムなどは含みません。

　　（1）所蔵している　　　（2）所蔵していない　　　　　　　　　　　（N=1182 全図書館）

　視聴覚資料は，在住外国人にとっても利用しやすい資料であるため，日本語の資料も含めて所蔵の有無を質問した。全図書館 1182 館のうち 936 館（79.2%）が「所蔵している」と回答した。

表 3-3-1　視聴覚資料の所蔵状況（単位：館）

	都道府県	東京23区	政令市	市町村 30万人以上	市町村 30万人未満	市町村 10万人未満	市町村 5万人未満	市町村 3万人未満	市町村 1万人未満	全体
(1)所蔵している	39	47	62	50	161	195	137	168	77	936
(2)所蔵していない	11	6	23	5	21	26	39	69	41	241
無回答				1		2	2			5
総計	50	53	85	55	183	221	178	239	118	1182

(2) 視聴覚資料の種類と分野

第2部 問3-3-1　視聴覚資料を所蔵している場合，所蔵している資料と分野をチェックしてください。　　　　（複数回答可）

　a）DVD

　　ア）音楽　イ）映画・ドラマ　ウ）日本語学習　エ)その他の言語学習　オ)その他

　b）ビデオテープ

　　ア）音楽　イ）映画・ドラマ　ウ）日本語学習　エ)その他の言語学習　オ)その他

　c）CD

　　ア）音楽　イ）映画・ドラマ　ウ）日本語学習　エ)その他の言語学習　オ)その他

　d）録音テープ

　　ア）音楽　イ）映画・ドラマ　ウ）日本語学習　エ)その他の言語学習　オ)その他

　e)その他

　　a）～d)以外のメディアの資料があれば，そのメディアの名称をお書きください。

　　　　　　　　　　　　　　　　　　　　　　　　　　　　　　　　　　（N=936 該当館）

DVD とビデオの所蔵分野は「映画・ドラマ」，CD では「音楽」が最も多い。視聴覚資料は媒体が録音テープから DVD や CD に移行していることがわかる。日本語学習用資料の所蔵館は，DVD 43 館，ビデオ 38 館，CD 57 館，録音テープ 32 館であった。

表 3-3-2　視聴覚資料の種類と分野　（単位：館）

| | | 都道府県 | 東京23区 | 政令市 | 市町村 | | | | | | 全体 |
					30万人以上	30万人未満	10万人未満	5万人未満	3万人未満	1万人未満	
D V D	ア)音楽	14	17	14	25	59	49	25	31	8	242
	イ)映画・ドラマ	25	20	40	42	123	162	115	144	63	734
	ウ)日本語学習	5	4	4	4	12	6	4	2	2	43
	エ)その他の言語学習	10	5	7	12	30	20	8	5	3	100
	オ)その他	18	16	18	18	40	43	21	31	10	215
ビ デ オ	ア)音楽	15	11	15	20	38	35	14	21	3	172
	イ)映画・ドラマ	25	16	38	34	99	120	75	94	36	537
	ウ)日本語学習	7	4	4	5	10	5	2	1		38
	エ)その他の言語学習	14	4	10	11	21	16	4	6	1	87
	オ)その他	17	15	16	12	31	36	18	28	9	182
C D	ア)音楽	26	45	48	45	144	163	119	128	50	768
	イ)映画・ドラマ	6	19	8	9	39	19	15	11	4	130
	ウ)日本語学習	6	8	4	6	12	9	8	1	3	57
	エ)その他の言語学習	13	15	6	14	22	17	15	1		103
	オ)その他	20	14	18	18	45	45	17	29	7	213
録 音 テ ー プ	ア)音楽	13	14	8	7	32	30	15	14	7	140
	イ)映画・ドラマ	3	1	1	4	15	9	2	4	1	40
	ウ)日本語学習	6	1	2	1	10	8		3	1	32
	エ)その他の言語学習	11	4	5	4	15	10	1	2	1	53
	オ)その他	17	8	10	10	37	35	23	18	5	163

＜その他のメディア＞

　　　レーザーディスク，レコード，DAISY，CD-ROM，マルチメディア DAISY，スライド，
　　　ビデオディスク，16mm フィルム，DVD-ROM，ブルーレイディスク

(3) 視聴覚資料の貸出し

> 第2部 問 3-3-2 視聴覚資料は貸出できますか。
> （1）すべて貸出可　（2）一部貸出可　（3）館内視聴のみ　　　　　（N=936 該当館）

政令市は全自治体の中で視聴覚資料を「すべて貸出可」としている割合が最も高い。「館内視聴のみ」の自治体は 83 館（8.9%）であった。

表 3-3-3　視聴覚資料の貸出し　（単位：館）

	都道府県	東京23区	政令市	市町村 30万人以上	30万人未満	10万人未満	5万人未満	3万人未満	1万人未満	全体
(1)すべて貸出可	5	21	44	23	79	93	51	74	33	423
(2)一部貸出可	23	24	14	20	71	83	72	60	28	395
(3)館内視聴のみ	8	1	4	6	5	14	8	24	13	83
無回答	3	1		1	6	5	6	10	3	35
総計	39	47	62	50	161	195	137	168	77	936

図 3-3-1　視聴覚資料の貸出し　（単位：%）

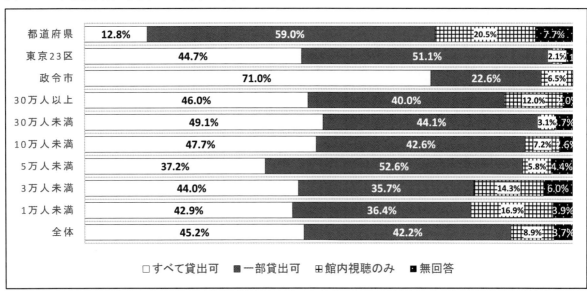

2.4　目　録

　2.4 目録と 2.5 検索は，質問票では「本文が外国語の資料を所蔵している館」のみを対象としていたが，図書館システムは一般に各自治体単位で導入しているため，所蔵館ではなく全自治体（中心館）の回答を集計した。

(1) 外国語資料目録への対応（図書館システム）

第2部 問4-1　貴館の図書館システムは外国語資料の目録作成に対応していますか。

　＊貴館が所蔵する外国語資料のすべてについて資料の文字表記通りに入力できるか否かでお答えください。なお，
　　音標記号付き文字を正規化して入力する場合は「入力できる」に含めます。

　　（1）表記通り入力できる　　　（2）表記通り入力できない言語がある　　（N=1005 全自治体）

第2部 問4-2　（2）の場合，表記通り入力できない言語をチェックしてください。（複数回答可）

　　（1）英語などラテン文字の資料　　　　　　（2）韓国・朝鮮語資料（ハングル）

　　（3）中国語資料（簡体字）　　　　　　　　（4）中国語資料（繁体字）

　　（5）ロシア語などキリル文字の資料

　　（6）その他の文字資料（具体的に）　　　　　　　　　　　（N=545 該当自治体）

第2部 問4-3　表記通り入力できない言語資料についてはどのように処理していますか。

　１．コンピュータに入力する　（複数回答可）

　　　（1）翻字して入力（ピンインもここに含む）

　　　（2）日本語に翻訳して入力（原音読みのカナ表記も含む）

　　　（3）「○○語図書△番」などの形で入力

　　　（4）その他（具体的に）

　２．コンピュータ以外の方法で処理する　（複数回答可）

　　　（1）カード目録で管理　　　（2）表紙コピーで管理

　　　（3）受入れリストで管理　　　（4）その他（具体的に）　　　（N=545 該当自治体）

---

(1)-1.　自治体全体の状況

　「表記通り入力できる」と回答した自治体は，全自治体のうち 274（27.3%）で，「表記通り入力できない言語がある」と回答した自治体は 545（54.2%）と，ほぼ倍の数字になった。

表 4-1　図書館システムの外国語資料への対応　　　　　（単位：自治体）

	都道府県	東京23区	政令市	市町村						全体
				30万人以上	30万人未満	10万人未満	5万人未満	3万人未満	1万人未満	
(1)表記通り入力できる	22	3	8	11	28	44	50	64	44	274
(2)表記通り入力できない言語がある	22	13	11	28	118	142	86	96	29	545
無回答	1	3		2	11	20	32	73	44	186
総計	45	19	19	41	157	206	168	233	117	1005

図 4-1 図書館システムの外国語資料への対応 　（単位：％）

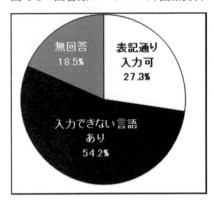

(1)-2. 表記通り入力できない言語

　　表記通り入力できない言語は，韓国・朝鮮語資料が最も多く，次いで中国語資料（繁体字，簡体字），ロシア語などのキリル文字資料の順となった。

表 4-2　表記通り入力できない言語の資料　　　（単位：自治体）

	都道府県	東京23区	政令市	市町村 30万人以上	30万人未満	10万人未満	5万人未満	3万人未満	1万人未満	全体
(1)英語などラテン文字の資料	1	1	2	3	15	16	9	16	3	66
(2)韓国・朝鮮語資料(ハングル)	15	13	6	24	110	127	76	83	25	479
(3)中国語資料(簡体字)	14	13	5	21	97	111	70	77	23	431
(4)中国語資料(繁体字)	11	12	7	23	102	119	68	72	22	436
(5)ロシア語などキリル文字の資料	10	12	8	24	97	107	64	73	23	418
(6)その他の文字資料(具体的に)	8	6	5	6	41	35	18	23	7	149

＜その他の文字資料＞

　　アラビア語，タイ語，英語以外の言語，ドイツ語，フランス語，アクセント記号（ウムラウト，アクサンテギュなど），スペイン語，ポルトガル語，ペルシア語，ベトナム語

(1)-3. 表記通り入力できない言語資料の処理方法

　　表記通り入力できない言語資料であっても，多くの場合翻字・日本語に翻訳など何らかの方法でコンピュータ処理している。表 4-4 で見られるように，コンピュータ以外の処理は非常に少ない。

表 4-3　表記通り入力できない言語資料のコンピュータ入力方法　　　（単位：自治体）

	都道府県	東京23区	政令市	市町村 30万人以上	30万人未満	10万人未満	5万人未満	3万人未満	1万人未満	全体
(1)翻字	18	6	4	6	43	48	21	22	11	179
(2)日本語に翻訳	8	7	5	19	82	104	56	63	18	362
(3)「○○語図書△番」など	1	1	4	1	8	1	2	6	1	25
(4)その他(具体的に)	1	3	2	3	13	19	13	11	3	68

＜その他＞
　　・代替文字で入力（＝などの記号で表記，音標記号を入力しない，簡体字を日本語漢字に　など）
　　・コピー（インターネット上の文字をコピー＆ペースト，他館のデータをコピー　など）
　　・英語等に翻訳　など

表 4-4　表記通り入力できない言語資料のコンピュータ以外の処理方法　　（単位：自治体）

	都道府県	東京23区	政令市	市町村						全体
				30万人以上	30万人未満	10万人未満	5万人未満	3万人未満	1万人未満	
(1)カード目録で管理			1		1	1			1	4
(2)表紙コピーで管理	1			1	1	1		1		5
(3)受入れリストで管理	1				4	3	2	3		13
(4)その他(具体的に)	1		1	3	2	3	2	4		16

＜その他＞
　　保留（受け入れずに書庫で保管　など）

(2) 外部目録データの利用

第2部 問 4-4　外国語資料の目録作成にあたり，外部データを，参照・利用していますか。
　　　（１）参照・利用している　　　（２）参照・利用していない　　　（N＝819 該当自治体）
　（１）にチェックした場合，参照・利用している外部データをお答えください。（複数回答可）
　　　（１）国立国会図書館の目録データ
　　　（２）国立情報学研究所の目録データ（NACSIS-CAT）
　　　（３）市販 MARC 等（業者・納入書店作成の電子データも含む）
　　　（４）業者・書店作成の目録記述（カード等）を利用
　　　（５）その他（具体的に）　　　　　　　　　　　　　　　（N＝608 該当自治体）

　　第2部問 4-1 で無回答だった 186 自治体を除く 819 自治体の回答を集計した。外部データを利用する図書館は 608 館（74.2%）とかなり多い。表 4-6 によると，利用しているデータとして市販 MARC 等（業者・納入書店作成の電子データも含む）が最も多い。これは目録作成を委託している図書館が多いことを示すものと言える。情報通信技術の発達に伴い，前回調査にはなかった「国立国会図書館の目録データ」や「国立情報学研究所の目録データ（NACSIS-CAT）」も，それぞれ 296 館，94 館が利用している。

表 4-5　外部目録データ利用の有無　　（単位：自治体）

	都道府県	東京23区	政令市	市町村						全体
				30万人以上	30万人未満	10万人未満	5万人未満	3万人未満	1万人未満	
(1)参照・利用している	38	14	14	28	105	144	95	117	53	608
(2)参照・利用していない	3	2	5	9	31	37	36	41	19	183
無回答	3			2	10	5	5	2	1	28
総計	44	16	19	39	146	186	136	160	73	819

図 4-2 外部目録データ利用の有無　（単位：％）

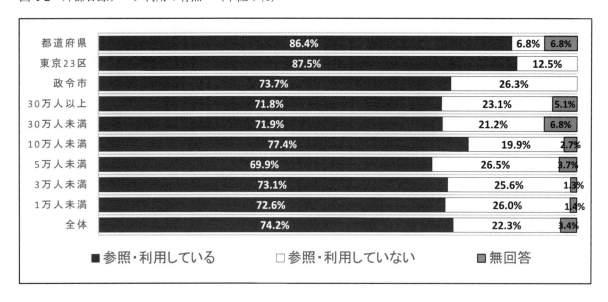

表 4-6　利用している外部データ　（単位：自治体）

	都道府県	東京23区	政令市	市町村 30万人以上	30万人未満	10万人未満	5万人未満	3万人未満	1万人未満	全体
(1)国立国会図書館の目録データ	29	8	10	12	58	76	40	43	20	296
(2)国立情報学研究所の目録データ	25	3	9	5	14	15	9	10	4	94
(3)市販MARC等	22	8	10	22	90	113	85	99	45	494
(4)業者・書店作成の目録記述	11	7	4	7	18	22	4	7	3	83
(5)その他(具体的に)	12	3	4	4	17	18	5	6	3	72

図 4-3　利用している外部データ　（単位：自治体）

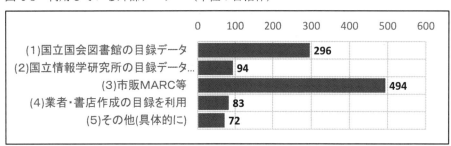

＜その他＞
・国内：他の図書館，都道府県立図書館，公共図書館
・海外：外国図書館，各国の国立図書館の目録データ，WorldCat，Library of Congress，British Library
・書店：Amazon，書店や出版者のサイトの書誌紹介，インターネット情報

2.5 検索

(1) 館内 OPAC による外国語資料の検索

> 第2部 問 5-1　貴館の「館内 OPAC」で，外国語資料の検索ができますか。
> 　　＊音標記号付き文字を正規化して検索できる場合も含めます。
> 　　（1）すべての外国語資料が，表記通りの文字列で検索できる
> 　　（2）表記通りの文字列で検索できない資料がある　　　　（N=1005 全自治体）
>
> 第2部 問 5-2　（2）にチェックした場合，表記通りの文字列から検索できない資料をお答えください。　（複数回答可）
> 　　（1）英語などラテン文字の資料　　　（2）韓国・朝鮮語資料（ハングル）
> 　　（3）中国語資料（簡体字）　　　　　（4）中国語資料（繁体字）
> 　　（5）ロシア語などキリル文字の資料
> 　　（6）その他の文字資料（具体的に）　　　　　　　　　（N=588 該当自治体）
>
> 第2部 問 5-3　（2）にチェックした場合，表記通りの文字列から検索できない資料の検索手段についてお答えください。　（複数回答可）
> 　　（1）翻字・日本語翻訳などの形でコンピュータ検索できる
> 　　（2）冊子体リストで検索できる（累積版，新規購入ごとの受入れリストを含む）
> 　　（3）カード目録で検索できる　　　（4）表紙コピーで検索できる
> 　　（5）その他　（具体的に）　　　　　　　　　　　　　（N=588 該当自治体）

(1)-1. 自治体全体の状況

　これは，図書館システムの質問と対応しており，入力できない文字は検索もできない。外国語資料を表記通りの文字列で検索できると回答したのは，234自治体（23.3％）にすぎない。

表 5-1　館内 OPAC による外国語資料の検索　　（単位：自治体）

	都道府県	東京23区	政令市	市町村 30万人以上	30万人未満	10万人未満	5万人未満	3万人未満	1万人未満	全体
(1)表記通り検索できる	10	2	2	7	22	40	49	63	39	234
(2)表記通り検索できない資料がある	33	16	17	32	123	148	84	100	35	588
無回答	2	1		2	12	18	35	70	43	183
総計	45	19	19	41	157	206	168	233	117	1005

図 5-1　館内 OPAC による外国語資料の検索　　（単位：％）

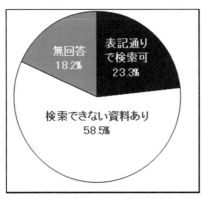

(1)-2. 表記通りの文字列から検索できない資料

　　目録と同様，検索できない資料は，韓国・朝鮮語資料（ハングル）が最も多く，中国語資料（簡体字，繁体字）キリル文字の資料の順である。

表 5-2　表記通りの文字列から検索できない資料　（単位：自治体）

| | 都道府県 | 東京23区 | 政令市 | 市町村 | | | | | | 全体 |
				30万人以上	30万人未満	10万人未満	5万人未満	3万人未満	1万人未満	
(1)ラテン文字の資料	4	1	2	4	16	26	9	16	6	84
(2)韓国・朝鮮語資料(ハングル)	27	16	12	29	117	134	76	82	27	520
(3)中国語資料(簡体字)	26	14	11	29	107	124	71	77	25	484
(4)中国語資料(繁体字)	25	14	11	27	107	126	71	76	24	481
(5)キリル文字の資料	20	14	14	30	104	115	66	70	24	457
(6)その他の文字資料	15	5	6	8	32	34	18	18	3	139

＜その他の文字資料＞

　　アラビア語，タイ語，2000 年以前に受入した外国語資料，英語以外，フランス語，ドイツ語，ペルシア語，タガログ語，ポルトガル語，スペイン語

(1)-3. 表記通りの文字列から検索できない資料の検索方法

　　目録の入力方法と同様に，翻字・日本語翻訳などの形でコンピュータ検索が可能という回答が最も多い。

表 5-3　表記通りの文字列から検索できない資料の検索手段　（単位：自治体）

| | 都道府県 | 東京23区 | 政令市 | 市町村 | | | | | | 全体 |
				30万人以上	30万人未満	10万人未満	5万人未満	3万人未満	1万人未満	
(1)翻字・翻訳によるPC検索	23	11	11	24	96	120	68	67	28	448
(2)冊子体リストで検索	4	1	2	1	7	7	3	5	4	34
(3)カード目録で検索	1		1			1		1		4
(4)表紙コピーで検索	4	1	1	1		1	1	1		10
(5)その他(具体的に)	10	5	5	7	17	22	6	16	6	94

＜その他＞

　　職員対応，棚・コーナー等で現物確認，別置記号・言語名等で絞り込む　など

(2) 館内 OPAC の検索画面

第 2 部　問 5-4　貴館の「館内 OPAC」の検索画面では，日本語以外の言語で操作説明が表示されますか。
　　（１）日本語のみ　　　　（２）日本語以外の操作説明がある。　　　　（N=1005 全自治体）
（２）にチェックした場合，該当する言語にチェックしてください。（複数回答可）
　　（１）英語　　　　　　　　　　　　（２）韓国・朝鮮語（ハングル）
　　（３）中国語（簡体字）　　　　　　（４）中国語（繁体字）
　　（５）その他（具体的に）　　　　　　　　　　　（N=239 該当自治体）

検索画面が「日本語のみ」と言う回答は，全体の60.0%を占め，「日本語以外の操作説明がある」と回答した自治体は，4分の1以下であった。「日本語以外の操作説明がある」と回答した自治体の中では政令市が最も多く，次いで人口30万人以上の市町村，都道府県の順で半数以上が対応している。在住外国人の多い東京23区が40%以下と言うのはかなり低いといえるだろう。しかし，日本語以外の操作説明は表5-5で見るようにほとんどの場合英語である。

表5-4　館内OPACの検索画面　　（単位：自治体）

	都道府県	東京23区	政令市	市町村 30万人以上	30万人未満	10万人未満	5万人未満	3万人未満	1万人未満	全体
(1)日本語のみ	19	11	6	16	103	143	109	136	60	603
(2)日本語以外の操作説明がある	25	7	13	23	43	45	33	35	15	239
無回答・無効	1	1		2	11	18	26	62	42	163
総計	45	19	19	41	157	206	168	233	117	1005

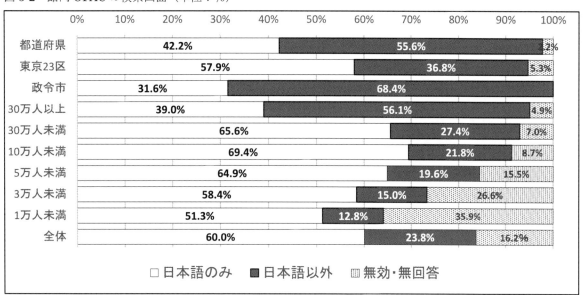

図5-2　館内OPACの検索画面（単位：%）

表5-5　言語別館内OPACの検索画面　　（単位：自治体）

	都道府県	東京23区	政令市	市町村 30万人以上	30万人未満	10万人未満	5万人未満	3万人未満	1万人未満	全体
(1)英語	25	6	13	23	43	45	33	35	15	238
(2)韓国・朝鮮語(ハングル)	1	2	3	2	5					13
(3)中国語(簡体字)	2	2	3	1	5					13
(4)中国語(繁体字)			2							2
(5)その他			1		1	1				3

＜その他＞
　　スペイン語，ポルトガル語

(3) Web OPAC による外国語資料の検索

> **第 2 部 問 5-5** 「Web OPAC」で，外国語資料の検索ができますか。
>
> ＊例えば，ホームページから所蔵検索をする時など
>
> ＊音標記号付き文字を正規化して検索できる場合も含めます
>
> （1）すべての外国語資料が，表記通りの文字列で検索できる
>
> （2）表記通りの文字列で検索できない資料がある　　　　　（N=1005 全自治体）

館内 OPAC による外国語資料検索の集計結果とほぼ似た割合になった。

表 5-6　Web OPAC による外国語資料の検索　（単位：自治体）

	都道府県	東京23区	政令市	市町村						全体
				30万人以上	30万人未満	10万人未満	5万人未満	3万人未満	1万人未満	
(1)表記通り検索できる	17	2	4	8	24	38	46	63	33	235
(2)表記通り検索できない資料がある	26	15	15	29	111	142	86	92	27	543
無回答	2	2			4	22	26	36	78	57	227
総計	45	19	19	41	157	206	168	233	117	1005

(4) Web OPAC と館内 OPAC の違い

> **第 2 部 問 5-6** 「Web OPAC」と「館内 OPAC」とに違いはありますか。
>
> （1）ある　　　　　　　（2）ない
>
> （1）にチェックした場合，具体的な違いをお書きください。　　　（N=1005 全自治体）

違いがあると回答した自治体は，264（26.3％）あり，その違いを記述回答してもらった。

表 5-7　Web OPAC と館内 OPAC との違いの有無　（単位：自治体）

	都道府県	東京23区	政令市	市町村						全体
				30万人以上	30万人未満	10万人未満	5万人未満	3万人未満	1万人未満	
(1)ある	23	11	9	16	55	67	31	41	11	264
(2)ない	21	7	10	22	90	123	106	119	53	551
無回答	1	1		3	12	16	31	73	53	190
総計	45	19	19	41	157	206	168	233	117	1005

＜具体的な違い＞

・文字入力（入力できる文字種が異なる，館内 OPAC は日本語と英語しか入力できない，など）

・検索機能（Web OPAC の方が検索条件を細かく指定できる，検索エンジンが異なる，横断検索できる／できない，など）

・多言語操作説明（Web OPAC には英語サイトがある，多言語機能を使える，館内 OPAC には大人用・子ども用・英語版がある，など）

・タッチパネル（館内 OPAC にはタッチパネル式の端末がある）

・レイアウトの違い　　　・予約機能の有無　　　　　・排架場所表示機能の有無

2.6 サービス，案内，対応

(1) 広報類の有無

> 第1部 問6-1　外国語や，やさしい日本語で書かれた広報類（利用案内／登録申込書・リクエスト申込書／館内掲示／ウェブサイト等）がありますか。
> 　　　　（1）ある　　　　（2）ない　　　　　　　　　　　　　（N=1182 全図書館）

(1)-1. 図書館全体の状況

　外国語や，やさしい日本語で書かれた広報類（利用案内／登録申込書・リクエスト申込書／館内掲示／ウェブサイト等）が「ある」と回答したのは，都道府県・東京23区・政令市・30万人以上の市町村の図書館に多く，なかでも政令市は83館（97.6%）とその割合が非常に高い。人口段階が10万人未満の市町村では，「ない」と回答した図書館の方が多くなっており，図書館全体では「ある」と回答した図書館は，481館（40.7%）だった。

表6-1　外国語などによる広報類の有無　　（単位：館）

	都道府県	東京23区	政令市	市町村 30万人以上	30万人未満	10万人未満	5万人未満	3万人未満	1万人未満	全体
(1)ある	43	45	83	45	120	78	35	23	9	481
(2)ない	7	7	2	10	62	142	138	213	104	685
無回答		1			1	1	5	3	5	16
総計	50	53	85	55	183	221	178	239	118	1182

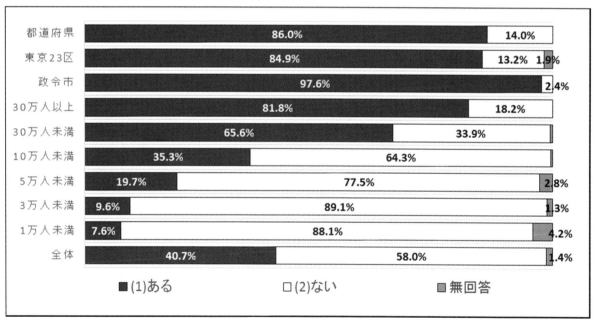

図6-1　外国語などによる広報類の有無　　（単位：%）

(1)-2. サービスエリアに外国人コミュニティがあると回答した図書館の状況

　図書館全体の統計では，外国語ややさしい日本語で書かれた広報類を作成している割合が40.7%であるが，第1部6-4で外国人コミュニティがあると回答した図書館(153館)では108館(70.6%)

に上る。内訳をみると，規模の大きな自治体，特に都道府県・政令市・人口 30 万人以上の市町村の図書館では 100％となるなど，高い割合を示しているが，人口 5 万人未満では「ない」という回答の方が多い。

表 6-2　外国人コミュニティがあると回答した館と広報類の有無とのクロス集計　　（単位：館）

	都道府県	東京23区	政令市	市町村 30万人以上	市町村 30万人未満	市町村 10万人未満	市町村 5万人未満	市町村 3万人未満	市町村 1万人未満	全体
(1)ある	15	12	25	7	30	15	3	1		108
(2)ない		2			7	8	14	9	3	43
無回答						1		1		2
総計	15	14	25	7	37	24	17	11	3	153

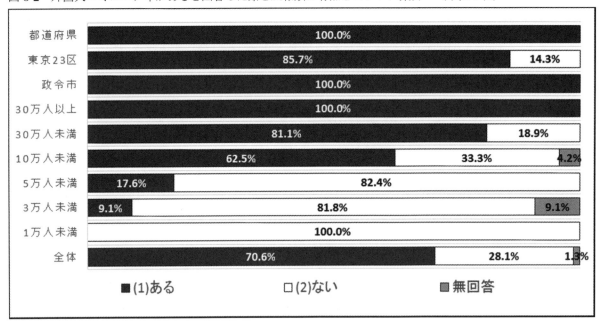

図 6-2　外国人コミュニティがあると回答した館と広報類の有無とのクロス集計　　（単位：％）

(2) 作成している広報類と言語

> 第 2 部 問 6-1　外国語や，やさしい日本語で書かれた広報類を作成している場合，作成している広報類と言語をチェックしてください。　　（複数回答可）　＊外国語と日本語を併記しているものも含みます。
> 作成している広報類
> 　　ア）利用案内　イ）登録申込書・リクエスト申込書　ウ）館内掲示　エ）ウェブサイト
> 　　オ）その他作成しているもの
> 作成している言語
> 　　a）やさしい日本語（含むふりがなつき）b）英語　c）中国語　d）韓国・朝鮮語
> 　　e）スペイン語　　f）ポルトガル語　g）その他の言語　　　　　（N=481 該当館）

広報類の中で「利用案内」は多くの図書館で作成されており，表 6-3 から複数言語で出している図書館がかなりあることが読み取れる。「利用案内」にくらべ，「登録申込書・リクエスト申込書」，

「館内掲示」は少ない。前回調査にはなかった「ウェブサイト」は「利用案内」に次いで多く，今後印刷物に代わって増加していくと思われる。言語別には，すべての広報で英語が最も多い。「その他の言語」では，記述回答からベトナム語の「利用案内」が多いことがわかった。

表 6-3　作成している広報類とその言語　　（単位：館）

		都道府県	東京23区	政令市	市町村 30万人以上	市町村 30万人未満	市町村 10万人未満	市町村 5万人未満	市町村 3万人未満	市町村 1万人未満	全体
ア 利用案内	a)やさしい日本語	8	5	46	12	32	27	16	8	4	158
	b)英語	32	37	68	35	96	57	18	6	4	353
	c)中国語	25	29	55	23	50	30	9	2		223
	d)韓国・朝鮮語	18	29	51	17	29	11	3	1		159
	e)スペイン語	5		21	4	20	8	2	1		61
	f)ポルトガル語	7		24	6	24	16	6	1		84
	g)その他の言語	6		20	2	4	1		1	1	35
イ 申込書	a)やさしい日本語(含む）	4	2	11	2	13	12	6	3	1	54
	b)英語	13	6	34	9	20	8	6		2	98
	c)中国語	2	2	4	1	3	3	2			17
	d)韓国・朝鮮語	1	2	3		2					8
	e)スペイン語	1		1		1	2				5
	f)ポルトガル語	1		2		1	1	2			7
	g)その他の言語			1	1			2		1	5
ウ 館内掲示	a)やさしい日本語	4	5	8	1	11	8	8	2	1	48
	b)英語	11	6	16	9	16	10	5			73
	c)中国語	4	2	4	3	2	2	4	2		23
	d)韓国・朝鮮語	3	3	3	3	2	2				16
	e)スペイン語	1			1			1			3
	f)ポルトガル語	2		1	1	1	2	2	1		10
	g)その他の言語			1				1		1	3
エ ウェブサイト	a)やさしい日本語	8	3	24	5	10	10	11	2		73
	b)英語	28	14	74	24	29	18	2	5	2	196
	c)中国語	14	9	65	12	13	5	1	2		121
	d)韓国・朝鮮語	14	9	64	12	10	4	1	2		116
	e)スペイン語	2	1	17	1	2		1			24
	f)ポルトガル語	5	1	18	4	3		2			33
	g)その他の言語	2	1	1	1	1			1		7

図 6-3　作成している広報類とその言語　　（単位：館）

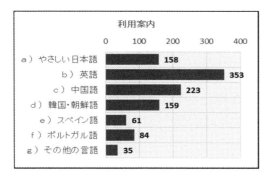

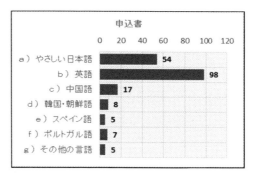

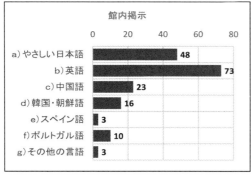

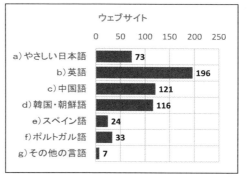

<その他の広報類>
　・「多文化コーナー案内」（日本語版・やさしい日本語版）
　・インターネット利用申込書，インターネット端末の利用方法（英語，中国語等）
　・ブックスタートPR用ポスター・リーフレット，乳幼児用ブックリスト
　・外国語資料の活用を広報したちらし
　・休館日カレンダー，資料紹介（貸出・予約ランキング，新着資料リスト，展示リスト）
　・パソコン利用申込書
　・新刊リスト，展示リスト，外国語の絵本リスト
　・図書館の行事，開館日が記載されたカレンダー（韓国語・中国語）
　・年末年始と蔵書点検の休館日案内
　・要覧

<その他の言語>　＊(　　)内は回答した図書館数を表す
　ア）利用案内：ベトナム語（22），タガログ語（5），フランス語（5），ロシア語（3），インドネシア語（2），フィリピノ語（2），タイ語（1），ドイツ語（1），ペルシア語（1）
　イ）登録申込書・リクエスト申込書：タガログ語（4），ロシア語（1）
　ウ）館内掲示：タガログ語（1），ロシア語（1）
　エ）ウェブサイト：フランス語（3），ベトナム語（2），タガログ語（1），ロシア語（1）

(3) 外国人のための事業の有無

第1部 問6-2　外国人のための日本語教室，外国語によるおはなし会などを，図書館や他の施設で実施していますか。

　　（1）実施している　　　　　（2）実施していない　　　　　　　　（N=1182 全図書館）

---

(3)-1. 図書館全体の状況

　外国人のための日本語教室，外国語によるおはなし会などを実施していると回答した図書館は，全体では312館（26.4％）と約4分の1である。実施率が高いのは，人口30万人以上の市町村，次いで東京23区の図書館となっている。都道府県が11館（22.0％）と低いのは，このような事業は地域に密着した図書館で行われることが多いからだと推測する。

表6-4　外国人のための事業実施の有無　　　（単位：館）

	都道府県	東京23区	政令市	市町村						全体
				30万人以上	30万人未満	10万人未満	5万人未満	3万人未満	1万人未満	
(1)実施している	11	22	32	25	63	71	42	38	8	312
(2)実施していない	39	31	53	30	119	150	133	198	109	862
無回答					1		3	3	1	8
総計	50	53	85	55	183	221	178	239	118	1182

図 6-4　外国人のための事業実施の有無　　　（単位：％）

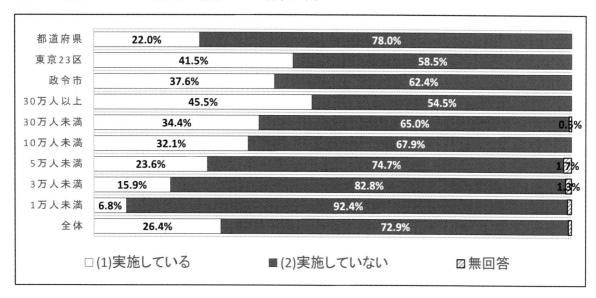

(3)-2．サービスエリアに外国人コミュニティがあると回答した図書館の実施状況

外国人コミュニティがあると回答した図書館は153館あるが，外国人のための事業では，全図書館の集計が312館（26.4％）に対し，72館（47.1％）と高くなっている。

表 6-5　外国人コミュニティがあると回答した館と外国人のための事業とのクロス集計　　　（単位：館）

	都道府県	東京23区	政令市	市町村 30万人以上	30万人未満	10万人未満	5万人未満	3万人未満	1万人未満	全体
(1)実施している	5	9	11	5	21	12	6	3		72
(2)実施していない	10	5	14	2	16	12	11	8	3	81
総計	15	14	25	7	37	24	17	11	3	153

図 6-5　外国人コミュニティがあると回答した館と外国人のための事業とのクロス集計　　　（単位：％）

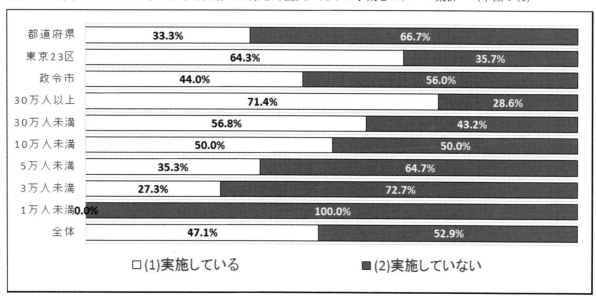

（4）外国人のための事業内容と実施方法

> **第2部 問6-2　外国人のための日本語教室，外国語によるおはなし会などをおこなっている場合，実施している事業と実施方法についてお答えください。**　　（複数回答可）　　（N=312 該当館）
>
> **実施している事業**
>
> 　　a）おはなし会　　　b）日本語教室　　　c）その他の催し（具体的に）
>
> **実施方法**
>
> 　　ア）図書館内で実施（図書館主催）　　　　　イ）図書館内で実施（図書館と他との共催）
>
> 　　ウ）図書館内で実施（図書館は会場提供のみ）エ）図書館外で実施（図書館主催）
>
> 　　オ）図書館外で実施（図書館と他との共催）　カ）図書館外で実施（図書館は関係していない）

　おはなし会を図書館が主催し図書館内で実施している図書館は312館中118館，図書館主催ではないが図書館内で実施しているものを含めると167館となり，全体の半数以上になる。一方日本語教室に関しては，図書館外で行われ図書館が関係していないケースがほとんどである。

表6-6　外国人に対する事業実施状況　　（単位：館）

		都道府県	東京23区	政令市	市町村						全体
					30万人以上	30万人未満	10万人未満	5万人未満	3万人未満	1万人未満	
お は な し 会	ア）図書館内（図書館主催）	8	18	18	10	14	19	16	9	6	118
	イ）図書館内（共催）		1	8	6	7	9	3	4		38
	ウ）図書館内（会場提供）			1	1	2	3	2	2		11
	エ）図書館外（図書館主催）		3	2		2	2		2	1	12
	オ）図書館外（共催）		1	3	1	2	1		1		9
	カ）図書館外	1	1	1	2	15	3		2		25
	合計	9	24	33	20	42	37	21	20	7	213
日 本 語 教 室	ア）図書館内（図書館主催）										
	イ）図書館内（共催）										
	ウ）図書館内（会場提供）					2	2	2	1		7
	エ）図書館外（図書館主催）										
	オ）図書館外（共催）						1				1
	カ）図書館外	3	4	5	13	30	30	12	15	1	113
	合計	3	4	5	13	32	33	14	16	1	121

＜その他の催し＞　＊（　　）内は回答した図書館数を表す

ア）図書館内で実施（図書館主催）（19）

・読み聞かせ（外国語絵本の読み聞かせ，手遊び，おはなし会，ALT による読み聞かせ，など）

・英語でのイベント（クリスマス会，落語）

・外国語通訳付きブックスタート

・外国紹介，国際交流イベント

・外国人と日本人が一緒に参加してのビブリオバトル

・外国人ビザ無料相談会

・国際ふれあい講座…外国人（ALT）による母国の文化等を紹介

・出張おはなし会等

・図書館見学会，通訳付き図書館見学ツアー

・日本語学校への図書館案内
・日本語多読ワークショップ
・日本人向けの「英語のおはなし会」や「英会話カフェ」を実施（外国人の参加も可能）

イ）図書館内で実施（図書館と他との共催）（8）
・市国際交流協会と共催で「世界の絵本を楽しもう！」を開催し，母語での読み聞かせ，絵本の紹介などを行っている。
・1日図書館員，児童向けの英語を使ったゲーム
・えいごでたのしむおはなし会
・パネル展・ブックフェア
・海外から児童文学作家を招へいする講演会
・子ども向けのワークショップなど
・学習支援教室の子どもたちの図書館見学
・誰でも参加できる，外国の遊び体験と外国語と日本語で聞くおはなし会

ウ）図書館内で実施（図書館は会場提供のみ）（4）
・「おやこでにほんご」子育て中の外国人女性のための交流の場
・高校生による英語絵本のおはなし会
・南米語学教室

エ）図書館外で実施（図書館主催）（2）
・外国語通訳付きブックスタート
・日本文化体験講座

オ）図書館外で実施（図書館と他との共催）（4）
・区内の絵本フェスタで，多言語での読み聞かせ
・多文化子育てサロン
・国際交流カフェ
・日本語教室に図書館職員が出向き「図書館PR＆図書館ツアー」を実施

カ）図書館外で実施（図書館は関係していない）（26）
・日本語学習　外国人の日本語学習支援
・子どもへの日本語指導のためのボランティア養成講座
・国際交流の集いなど
・ハングルなど多言語の絵本展。図書館は資料提供のみ。
・語学カフェ（英語・中国語・韓国語・スペイン語を学ぶ）
・英語おはなし会，絵本の読み聞かせ（資料の選定・提供などに図書館が協力）
・外国人向け交流パーティー，コーラス，工場見学等
・国際交流協会主催による各種の催し
・小学校で英語を交えたお話会を実施

・青年海外協力隊訓練所のある街として「ワールドフェスタ」を「協力隊週間」（10月）に合わせて開催している。

・担当課と市民団体共催の交流会への参加

・担当課主催の多言語スピーチ大会への資料展示

・日本の文化・生活習慣を理解するためのサポート教室，防災教室，料理教室

(5) 外国語対応マニュアル

第1部 問6-3　外国語で応対するためのマニュアルを作成していますか。

＊正式に「マニュアル」と呼称していなくとも，「臨時休館のお知らせの指差しシート」なども含みます。

　　（1）作成している　　　（2）作成していない　　　　　　　　　（N=1182 全図書館）

（1）にチェックした場合，何語のどんなマニュアルを作っているかお書きください。

---

(5)-1. 図書館全体の状況

外国語で対応するためのマニュアルを作成しているのは全体で85館（7%）と非常に少ないが，東京23区では53館中17館（32.1%）が作成しており，全体では際立っている。

表 6-7　対応マニュアル作成の有無　　　　　　　　　　　　　　　　　　　　　（単位：館）

	都道府県	東京23区	政令市	市町村						全体
				30万人以上	30万人未満	10万人未満	5万人未満	3万人未満	1万人未満	
(1)作成している	4	17	6	7	23	15	7	4	2	85
(2)作成していない	46	36	79	48	160	206	168	234	115	1092
無回答							3	1	1	5
総計	50	53	85	55	183	221	178	239	118	1182

(5)-2. サービスエリアに外国人コミュニティがあると回答した図書館の状況

図書館全体に比べると外国人コミュニティがあると回答した図書館で，対応マニュアルを作成していると回答した館は，153館中22館（14.4%）と，図書館全体より割合は高いが，総じて低調と言える。

表 6-8　外国人コミュニティがあると回答した館と対応マニュアル作成とのクロス集計（単位：館）

	都道府県	東京23区	政令市	市町村						全体
				30万人以上	30万人未満	10万人未満	5万人未満	3万人未満	1万人未満	
(1)作成している	2	4	4	2	3	4	2	1		22
(2)作成していない	13	10	21	5	34	20	15	10	3	131
総計	15	14	25	7	37	24	17	11	3	153

(5)-3．作成しているマニュアルと言語

　　①職員用（英中韓，ポルトガル語，スペイン語，ベトナム語等）

　　　　『図書館員のための英会話ハンドブック』，外国人のための利用案内文例集，

　　　　外国人利用カード作成における窓口対応について，図書館員のためのワンポイント英会話，

　　　　図書館職員ハンドブック，図書館利用に関する簡単な Q&A，

　　　　想定問答（カウンター対応用），予約資料が用意できた旨の連絡および延滞督促用

　　②指差しシート（英中韓，ポルトガル語，スペイン語，タイ語，ベトナム語，インドネシア語等）

　　　　ブックスタート受付時の指差し会話シート，新規登録時の説明ボード，

　　　　貸出手続き確認装置が反応した際の指さし会話シート，避難誘導シート

(6) 外国人コミュニティ

> 第 1 部 問 6-4　貴館のサービスエリアに，外国籍の人が多い地区（コミュニティ）がありますか。
> 　　　　（1）ある　　　　　（2）ない　　　　　（3）わからない　　　　　（N=1182 全図書館）
> 　（1）にチェックした場合，図書館で当該コミュニティ向けのサービスを提供していますか。
> 　　　　　　（例えば，多言語読み聞かせ，地域交流の場の提供など）
> 　　　　（1）提供している　　　　　（2）提供していない　　　　　（N=153 該当館）
> 　（1）にチェックした場合，その内容をお書きください（具体的に）

(6)-1．図書館全体の状況

　　サービスエリアに，外国籍の人が多い地区（コミュニティ）が「ある」と回答した図書館は，全体で 153 館（12.9%）だった。人口 5 万人未満の市町村になると 10% 以下である。しかし「わからない」と言う回答が 305 館（25.8%）にも上った。

表 6-9　サービスエリアにおける外国人コミュニティの有無　　　　　（単位：館）

	都道府県	東京23区	政令市	市町村						全体
				30万人以上	30万人未満	10万人未満	5万人未満	3万人未満	1万人未満	
(1)ある	15	14	25	7	37	24	17	11	3	153
(2)ない	17	13	35	27	81	132	115	196	102	718
(3)わからない	18	26	24	21	65	65	43	31	12	305
無回答			1				3	1	1	6
総計	50	53	85	55	183	221	178	239	118	1182

表 6-9（付表）

	都道府県	東京23区	政令市	市町村						全体
				30万人以上	30万人未満	10万人未満	5万人未満	3万人未満	1万人未満	
(1)ある（回答館数）	15	14	25	7	37	24	17	11	3	153
(1)ある（自治体数）	15	6	7	7	33	21	16	11	3	119

(6)-2. 外国人コミュニティがあると回答した図書館のコミュニティ向けサービス

　　サービスエリアに，外国人コミュニティがあると回答した図書館（153館）のうちコミュニティ向けのサービスを実施しているのは，20館で全体の13.1％と少ないが，その中では政令市の図書館25館中10館（40.0％）と最も割合が高い。

表6-10　外国人コミュニティがあると回答した館とコミュニティ向けサービスとのクロス集計　　（単位：館）

| | 都道府県 | 東京23区 | 政令市 | 市町村 | | | | | | 全体 |
				30万人以上	30万人未満	10万人未満	5万人未満	3万人未満	1万人未満	
(1)提供している	1	3	10	1	1	1	2	1		20
(2)提供していない	14	11	15	6	35	23	15	10	3	132
無回答					1					1
総計	15	14	25	7	37	24	17	11	3	153

(6)-3. 外国人コミュニティ向けサービスの内容
- 資料の収集と提供：収集（韓国・朝鮮語，ポルトガル語，ベトナム語），コーナー設置，移動図書館，県立図書館から市町村図書館への外国語資料の貸出
- 多言語，英語のおはなし会・読み聞かせ
- 出張：放課後教室，区内イベントでのお話会・読み聞かせ，外国籍親子の集いに外国語絵本の貸出，日本語学校，民族学校（幼稚園）への出張読み聞かせ
- その他：「日本文化に触れてみよう」の催し，図書館見学，多言語による日本語教室の場の提供，日本語多読のワークショップ，民族学校への団体貸出

(7) 多文化サービスの要望・問い合わせ

第1部　問6-5　多文化サービスに関して，要望や問い合わせを受けたことがありますか。
　　　　　（例えば，「日本語を学習するための教材はありますか？」等）
　（1）受けたことがある　（2）受けたことがない　（3）わからない　　（N=1182 全図書館）
第2部　問6-5-1　（1）にチェックした場合，どんな方法で受けましたか。（複数回答可）
　（1）対面で受けた　　（2）電話で受けた　　（3）手紙で受けた
　（4）ホームページ，メールで受けた　　　　（5）その他（具体的に　）　（N=537 該当館）
第2部　問6-5-2　（1）にチェックした場合，どのような内容の要望や問い合わせがありましたか。差し支えない範囲で結構ですのでお書きください。

(7)-1. 図書館全体の状況

多文化サービスに関して，要望や問い合わせを受けたと回答した図書館は全体の半数近くに上り，多くの図書館で経験していることがわかる。但し，自治体の人口段階が小さくなるにつれて，要望や問い合わせを受けることが少なくなる。

表 6-11　多文化サービスに関する要望等の有無　　　（単位：館）

	都道府県	東京23区	政令市	市町村 30万人以上	30万人未満	10万人未満	5万人未満	3万人未満	1万人未満	全体
(1)受けたことがある	35	40	58	31	114	110	58	69	22	537
(2)受けたことがない	8	13	20	17	46	80	99	147	84	514
(3)わからない	7		7	7	20	31	14	21	10	117
無回答				3		7	2	2	14
総計	50	53	85	55	183	221	178	239	118	1182

図 6-6　多文化サービスに関する要望等の有無　　　（単位：%）

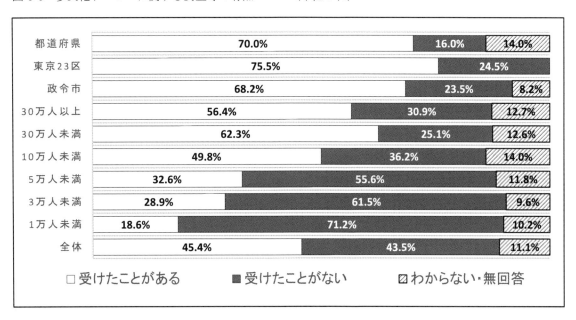

(7)-2. サービスエリアに外国人コミュニティがあると回答した図書館の状況

外国人コミュニティがあると回答した図書館（153館）では，107館と70%近い図書館が要望や問い合わせを受けている。

表 6-12　外国人コミュニティがあると回答した館と要望・問い合わせとのクロス集計（単位：館）

	都道府県	東京23区	政令市	市町村 30万人以上	30万人未満	10万人未満	5万人未満	3万人未満	1万人未満	全体
(1)受けたことがある	14	11	18	5	28	15	8	6	2	107
(2)受けたことがない	1	3	3		6	8	9	5	1	36
(3)わからない			4	2	3	1				10
総計	15	14	25	7	37	24	17	11	3	153

(7)-3．要望・問い合わせの方法

　　要望や問い合わせを「対面で受けた」と回答した図書館が 467 館と圧倒的に多い。従ってカウンターでの対応が重要となる。

表 6-13　要望・問い合わせの方法　　　　　　　（単位：館）

	都道府県	東京23区	政令市	市町村						全体
				30万人以上	30万人未満	10万人未満	5万人未満	3万人未満	1万人未満	
(1)対面で受けた	30	37	53	26	98	100	49	57	17	467
(2)電話で受けた	9	4	16	7	17	14	9	5	3	84
(3)手紙で受けた	1				1					2
(4)ホームページ、メール	6	1	3	2	5		2			19
(5)その他（具体的に）	2	2	3		1	4	2	1	1	16

＜その他の方法＞

- リクエスト，投書
- 他部署から：近隣国際交流施設の職員，区役所職員，県内図書館，小学校などからの依頼，他課実施の図書館サービスアンケート，分館担当の図書ボランティアからの依頼
- アンケート：団体貸出のアンケート，利用者アンケート，多文化共生アンケート

(7)-4．要望・問い合わせの内容　　＊（　）内は回答した図書館数を表す

①日本語学習（210）

　　『みんなの日本語』，日本語学習教材，日本語を学ぶための外国語の本，子どものための日本語学習資料，漢字がわかる本を教えてほしい，帰国子女の子どもが読める日本語と外国の本，日本語を指導する教則本　など

②特定言語（英語以外）（82）

　　絵本，地域情報，小説，観光案内，地図などについて，中国語，韓国語，スペイン語，ポルトガル語，アラビア語，ロシア語など多岐にわたる言語で書かれた資料の要望

③英語（76）

　　地域のガイドブックや地図，漫画，絵本，英語教材　など

④サービス（75）

　　おはなし会，ALT が教材として使える英語の絵本のリストを作ってほしい，Wi-Fi 設置要望，インターネットで母国と Skype をしたい，利用方法の問い合わせ，外国語絵本のおすすめを知りたい，障がい者向け DAISY 図書の外国人への提供，米軍基地の軍人も利用者カードを作成したい，外国語の本コーナーの設置要望　など

⑤外国語一般（51）

　　外国語絵本・児童書の充実，外国語の本や生活案内の資料はあるか，検索方法，所蔵，展示，取り寄せ希望　など

⑥日本に関する本（25）

　　外国人に日本の生活を教える資料，季節行事に関する本，中国語で日本の小学校生活を説明したい，日本での生活情報を知る本，日本のことを多言語で紹介する資料，日本の教科書を補助するような資料，日本の昔話や文学作品の英訳，日本の歴史や宗教についての外国語の図書，日本語の絵本の英語版（CD 付を希望）　など

⑦リクエスト（19）

　　教師・ALT からの辞書の希望，特定タイトルのリクエスト，母語資料の充実　など

⑧日本語教室（11）

　　外国人技能実習生向けの日本語教室を開催してほしい，中国語で教える日本語教室，日本語の習える場所の問い合わせ，日本語教室の講師からの資料の貸出や予約の要望，日本語教室を行っている市民団体からの協力要請により日本語支援コーナーを設置した　など

⑨特定の分野・主題（10）

　　アジアの絵本セット，Oxford Reading Tree，日本のことわざや慣用句，シリーズものや特定の言語の本，医療用語について，英語・中国語・ハングルが併記されている資料，機械工学の専門書，東日本大震災について，病院へ行くときに使える本　など

⑩やさしい日本語（6）

　　やさしい日本語で書かれた絵本，漢字が少ない資料，わかりやすい日本語の本　など

⑪レファレンス（4）

　　本についての問い合わせ，排架場所，富士山に関する美術作品の英語名　など

⑫多読（4）

　　多読サービス，児童書の多読資料への要望

⑬日・外国語併記（3）

　　日本語と中国語，日本語と外国語が併記された資料への要望

⑭その他（36）

　　自治体の子育て支援の状況が知りたい，外国から移住してきた子供が読める資料はないか，外国語（朝鮮語・中国語）の資料を購入できる書店，日本語字幕付きの日本のアニメ，外国人の入院患者に病状を説明するための辞書（ベトナム語），近隣のカトリックの教会を知りたい，スペイン語で書かれた本はないか，公立小学校に通う外国人の子どもとその親のための手助けとなる資料，行政サービスの手続きについて英語で分かるもの，国際結婚で来日した外国籍のお母さんたちの交流の場はないか，生活面でのルールや相談先，日本語がわからなくても見られる DVD，日本語の話せない外国人児童に対する応対方法，日本人の英語学習のための問い合わせ　など

　　外国籍の子どもが在籍する学校から，「最近転校してきた子が日本語がまだうまく読めないので，外国語の絵本などを用意してほしい。」「転校生（韓国籍）の児童が日本語を理解するための資料と担任が児童とコミュニケーションをとるためのハングル語の参考資料がほしい。」，日系ブラジル人の子供が在籍する小学校からの問い合わせで「ブラジルの生活，文化や言葉がわかる資料があれば借用したい。学校祭での企画に活用したい。」，少年鑑別所から「日本語があまり得意ではない外国籍の少年のために，英語か母語の本を借りたい」との要望があった，学校への出張おはなし会の要望，授業で使用する教材　など

　　上述のように，自治体内の他機関・他部署，病院，学校など，外国人を支援する立場からの問い合わせも多々見られる。図書館の多文化サービスは，これらの支援者への支援も視野に入れる必要がある。

(8) 在住外国人の図書館ニーズ調査

> **第 1 部 問 6-6**　在住外国人の図書館ニーズを把握するために，当事者との懇談会や要望調査等を行ったことがありますか（複数回答可）。
> （1）図書館で主催したことがある
> （2）自治体・外郭団体主催の懇談会・調査等に参加したことや調査等を行ったことがある
> （3）民間団体主催の懇談会・調査等に参加したことがある
> （4）事例がない　　　　（5）わからない　　　　（6）その他　　　　　　（N=1182 全図書館）

　「事例がない」が 1019 館，「わからない」118 館という結果から，ニーズ調査はほとんど行われていないことがわかる。図書館主催で懇談会や要望調査を行ったのは，わずかに 9 館である。

表 6-14　図書館ニーズ調査　　　（単位：館）

	都道府県	東京23区	政令市	市町村 30万人以上	市町村 30万人未満	市町村 10万人未満	市町村 5万人未満	市町村 3万人未満	市町村 1万人未満	全体
(1)図書館で主催			2	2	4	1				9
(2)自治体等主催の懇談会	2	2	1	3	4	3	1	1		17
(3)民間団体主催の行事		1			1	1		2		5
(4)事例がない	42	44	74	43	149	189	156	225	97	1019
(5)わからない	4	5	5	7	24	21	13	16	23	118
(6)その他	3	1	5		4	6	2	2	2	25

＜その他＞
・教育機関関係：外国人児童生徒教育連絡協議会で，各種案内を配布，外国籍生徒の多い学校の訪問・情報提供と要望の聞き取り，近隣の語学学校の学生が来館した際に要望を聞いた　など
・ALT との連携：ALT に対する洋書の要望調査，イベント時（英語お話会）に ALT から情報収集
・国際交流協会：国際交流協会との懇談，図書館が加入
・その他：市内外国人居住者とその支援者を対象に，図書館の周知や希望についての調査を実施，開館当時外国人が選書に参加，リクエスト対応，各種聞き取り（市役所勤務の通訳，インターナショナル・スクールの教師，国際交流コーナー職員，民族学校，在日ボランティアなど），アンケート（日本語教室受講者，市民対象の「図書館調査」など）

(9) 多文化サービスの課題等

第1部 問 6-7 在住外国人への図書館サービスについて，貴館で，下記に該当する点がありましたら，チェックしてください。　（複数回答可）
- （1）資料費がない・少ない
- （2）外国語資料の購入ルートの確認・確保が困難
- （3）外国語図書の選書・発注が困難
- （4）外国語図書の整理が困難
- （5）電算入力できない外国語（文字）がある
- （6）カウンター応対・利用案内作成などの際の職員の外国語対応能力が不足している
- （7）地域の外国人のニーズが不明
- （8）外国人に対して，図書館のＰＲが不足している
- （9）図書館に来る外国人は日本語の資料で満足しているようだ
- （10）地域に外国人は住んでいない
- （11）外国人は図書館に来ない
- （12）その他（具体的に）

（N=1182 全図書館）

　「地域の外国人のニーズが不明」がトップ（847館）になっているが，ニーズ調査がほとんど行われていないため当然の結果と言える。

表 6-15　多文化サービスの課題等　　　　　　　　　　　　　　（単位：館）

	都道府県	東京23区	政令市	市町村						全体
				30万人以上	30万人未満	10万人未満	5万人未満	3万人未満	1万人未満	
（1）資料費がない・少ない	30	10	45	24	113	80	80	114	45	541
（2）購入ルートの確保が困難	8	13	30	14	55	73	43	44	25	305
（3）選書・発注が困難	22	15	47	22	91	111	78	83	44	513
（4）整理が困難	22	13	30	19	59	97	54	50	22	366
（5）電算入力ができない文字	20	31	11	20	92	91	46	32	14	357
（6）職員の外国語対応能力が不足	43	24	45	39	132	167	130	150	70	800
（7）地域のニーズが不明	40	32	53	40	129	179	131	168	75	847
（8）図書館のPR不足	29	19	56	34	99	114	71	73	25	520
（9）日本語の資料で満足しているようだ	1	7		1	11	16	16	23	9	84
（10）地域に住んでいない		1		1		3		4	10	19
（11）図書館に来ない		4	1	2	6	28	23	55	39	158
（12）その他		1	6	3	6	6	4	8	5	39

図 6-7　多文化サービスの課題等　（単位：館）

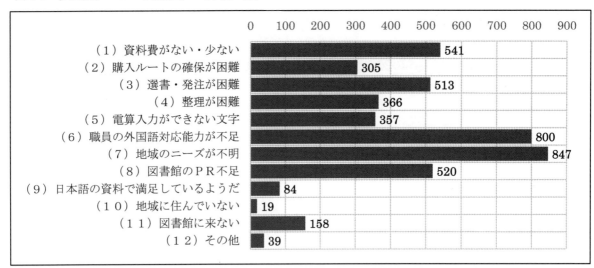

＜その他＞　＊（　）内は回答した図書館数を表す
- 利用が少ない（14）
　　外国人が少ない，ほとんどが日本語を話せる，外国人はALTぐらいである　など
- 他館で対応（5）
　　他の地域館が担当している，県立図書館から取り寄せている，近隣の大学図書館の方が資料が豊富　など
- 需要がない（5）
- 排架スペースが足りない（4）
- 目録作成方法が分からない（2）
- 繁忙で多文化サービスを実施する余裕がない（2）
- その他（8）
　　英語対応担当者の不在時に対応できない，外国人からの要望(無線 LAN の利用)に対して館の方針で対応できない，日本語の資料で満足していないようなので検討中　など

(10) インターネット利用環境

> 第1部 問6-8　貴館には利用者がインターネット情報を閲覧する端末はありますか。
> 　　（1）ある（　　台）　②（2）ない　　　　　　　　　　　（N=1182 全図書館）

　全体で949館，約80％の図書館がインターネットを利用できる端末を用意しているが，多くの場合端末は5台未満である。

表6-16　インターネット利用環境　　　　　　　　　　　　　（単位：館）

	都道府県	東京23区	政令市	市町村 30万人以上	30万人未満	10万人未満	5万人未満	3万人未満	1万人未満	全体
(1)ある	49	52	77	47	158	184	145	165	72	949
(2)ない	1		8	8	24	37	29	71	45	223
無回答		1			1		4	3	1	10
総計	50	53	85	55	183	221	178	239	118	1182

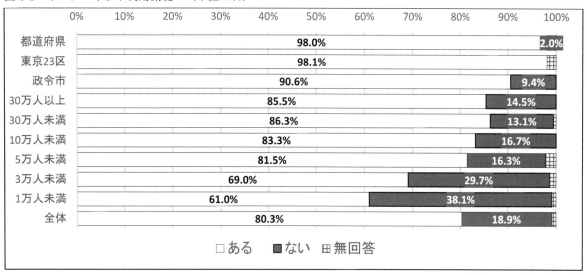

図6-8　インターネット利用環境　（単位：％）

表6-17　インターネットを利用できる端末の所有台数　　　　　　　　　（単位：館）

	都道府県	東京23区	政令市	市町村 30万人以上	30万人未満	10万人未満	5万人未満	3万人未満	1万人未満	全体
①5台未満	18	42	63	28	116	147	121	143	63	741
②10台未満	20	7	4	6	23	22	6	4	1	93
③15台未満	3	2	1	4	5	4		5		24
④20台未満	3		2	4	3	1		2		15
⑤20台以上	3		5	2		1	1			12
無回答	2	1	2	3	11	9	17	11	8	64
総計	49	52	77	47	158	184	145	165	72	949

2.7 他部局との連携

(1) 国際化担当部署の有無

> 第1部 問7-1 貴自治体には，国際化を担当している単独の部署がありますか。
> （1）ある　　（2）ない　　（3）わからない　　　　　　　　（N=1005 全自治体）

(1)-1. 自治体全体の状況

　国際化を担当している単独の部署があるのは，自治体全体では337(33.5%)だが，政令市は100%，都道府県は95.6%が「ある」と回答している。人口10万人未満の市町村になると，割合が急激に落ち込む。

表7-1　国際化を担当する部署の有無　　（単位：自治体）

	都道府県	東京23区	政令市	市町村 30万人以上	30万人未満	10万人未満	5万人未満	3万人未満	1万人未満	全体
(1)ある	43	15	19	35	103	55	34	25	8	337
(2)ない	1	4		6	48	139	117	187	96	598
(3)わからない	1				6	12	13	19	13	64
無回答							4	2		6
総計	45	19	19	41	157	206	168	233	117	1005

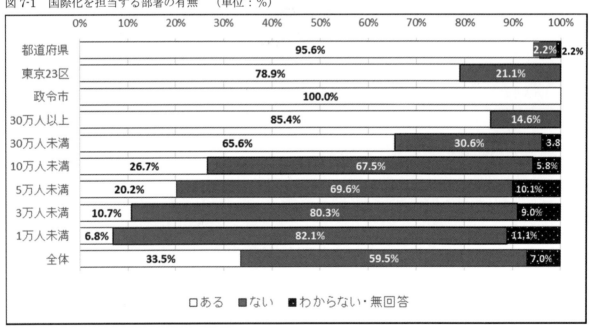

図7-1　国際化を担当する部署の有無　（単位：%）

(1)-2. サービスエリアに外国人コミュニティがあると回答した自治体の状況

　外国人コミュニティがあると回答した自治体では，73（61.3%）の自治体に国際化を担当する単独の部署があるが，人口10万人未満では全体集計と同様「ない」と言う回答の方が多い。

表 7-2 外国人コミュニティがあると回答した自治体と国際化担当部署とのクロス集計（単位：自治体）

	都道府県	東京23区	政令市	市町村 30万人以上	30万人未満	10万人未満	5万人未満	3万人未満	1万人未満	全体
(1)ある	14	6	7	7	24	10	4	1		73
(2)ない					7	11	10	7	3	38
(3)わからない	1				2		1	3		7
無回答								1		1
総計	15	6	7	7	33	21	16	11	3	119

(2) 国際交流協会の有無

> 第1部 問 7-2 貴自治体には，すべての国や地域を対象とした（例えば，日中友好協会のような国を特定するのを除く）国際交流協会がありますか。
> 　　　（1）ある　　　　（2）ない　　　（3）わからない　　　　　　　　（N=1005 全自治体）

(2)-1．自治体全体の状況

　国際交流協会は，全自治体の半数近い 462 自治体（46.0％）が「ある」と回答しており，ほとんどの都道府県とすべての政令市に存在している。東京 23 区で国際交流協会があると回答したのは 7 区（36.8％）のみであった。

表 7-3 国際交流協会の有無　（単位：自治体）

	都道府県	東京23区	政令市	市町村 30万人以上	30万人未満	10万人未満	5万人未満	3万人未満	1万人未満	全体
(1)ある	42	7	19	36	117	116	49	61	15	462
(2)ない	1	9		5	26	68	85	131	84	409
(3)わからない	2	3			12	22	31	38	18	126
無回答					2		3	3		8
総計	45	19	19	41	157	206	168	233	117	1005

図 7-2 国際交流協会の有無　（単位：％）

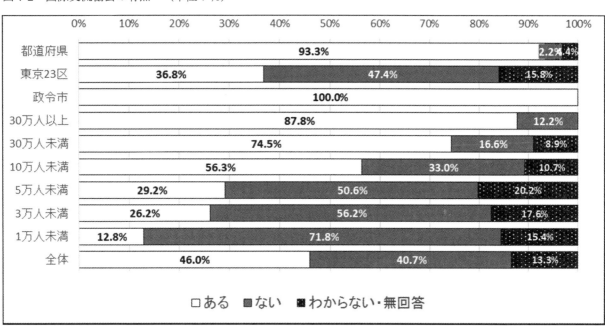

(2)-2. サービスエリアに外国人コミュニティがあると回答した自治体の状況

外国人コミュニティがあると回答した自治体(119)のうち，国際交流協会があるのは77(64.7%)で自治体全体の集計より多いが，東京23区に関しては，0回答であった。

表7-4 外国人コミュニティがあると回答した自治体と国際交流協会のクロス集計（単位：自治体）

	都道府県	東京23区	政令市	市町村 30万人以上	30万人未満	10万人未満	5万人未満	3万人未満	1万人未満	全体
(1)ある	13		7	7	28	11	6	5		77
(2)ない	1	5			2	10	8	4	3	33
(3)わからない	1	1			3		2	2		9
総計	15	6	7	7	33	21	16	11	3	119

(3) 特定の国・地域を対象としたNPO法人の有無

> 第1部 問7-3 貴自治体内に事務所を設置している，国際化等を主な活動内容とするNPO法人（国や地域を特定するものも含む）がありますか。ただし問7-2に該当する団体は除きます。
> （1）ある　　　　（2）ない　　　（3）わからない　　　　　　　　（N=1005 全自治体）

(3)-1. 自治体全体の状況

国際交流協会に比べ，NPO法人が「ある」と回答した自治体は169（16.8%）で，低い数字となった。「わからない」と「無回答」をあわせると341（33.9%）にも上る。

表7-5 特定の国・地域を対象としたNPO法人の有無　（単位：自治体）

	都道府県	東京23区	政令市	市町村 30万人以上	30万人未満	10万人未満	5万人未満	3万人未満	1万人未満	全体
(1)ある	35	8	14	19	49	22	16	4	2	169
(2)ない	1	4	3	5	47	96	90	158	91	495
(3)わからない	9	7	2	17	60	87	58	70	24	334
無回答					1	1	4	1		7
総計	45	19	19	41	157	206	168	233	117	1005

図7-3 特定の国・地域を対象としたNPO法人の有無　（単位：%）

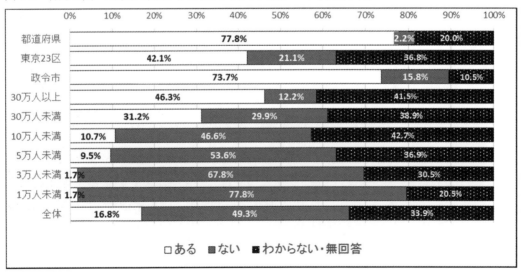

(3)-2. サービスエリアに外国人コミュニティがあると回答した自治体の状況

外国人コミュニティがあると回答した自治体（119）のうち，NPO法人が「ある」のは39（32.8%）で，自治体全体の集計より高い。しかし，全体集計で東京23区は8区（42.1%）にNPO法人が「ある」としているが，外国人コミュニティがある6区ではそのうち1区のみが「ある」という回答だった。

表7-6　外国人コミュニティがあると回答した自治体とNPO法人の有無とのクロス集計　（単位：自治体）

| | 都道府県 | 東京23区 | 政令市 | 市町村 | | | | | | 全体 |
				30万人以上	30万人未満	10万人未満	5万人未満	3万人未満	1万人未満	
(1)ある	14	1	6	4	9	3	1	1		39
(2)ない		3	1		12	14	9	6	3	48
(3)わからない	1	2		3	12	4	6	4		32
総計	15	6	7	7	33	21	16	11	3	119

（4）他部局・他団体との連携

> 第1部 問7-4-1　貴館では，上記7－1～3のような国際化等を担当する部局・外郭団体・民間団体等と意見交換や連携を行っていますか。
> 　　（1）行っている（年1回以上）　　　　（2）行っている（年1回未満）
> 　　（3）以前開催したが今は行っていない　（4）行ったことはない　　　　（N=1182 全図書館）
> 第1部 問7-4-2　（1）または（2）の場合，どのようなことを行っていますか。（複数回答可）
> 　　（1）意見交換　　　　　　　　　　　（2）案内パンフ・チラシ等の交換
> 　　（3）共同事業　その他（具体的に）　　　　　　　　　　　　　（N=147 該当館）

(4)-1.　図書館全体の状況

国際化等を担当する部局・外郭団体・民間団体等と意見交換や連携を行っているのは，(1)(2)合わせて147館（12.4%）にすぎない。行ったことがない図書館は，980館（82.9%）と，ほとんど行われていないことがわかる。

表7-7　他部局・他団体との連携の有無　（単位：館）

| | 都道府県 | 東京23区 | 政令市 | 市町村 | | | | | | 全体 |
				30万人以上	30万人未満	10万人未満	5万人未満	3万人未満	1万人未満	
(1)行っている(年1回以上)	21	6	17	14	24	14	9	2	3	110
(2)行っている(年1回未満)	2	5	7	3	10	8	1	1		37
(3)以前開催したが今は行っていない	5	1	2	2	13	6	2	6	1	38
(4)行ったことはない	22	40	58	36	135	193	160	226	110	980
無回答		1	1		1		6	4	4	17
総計	50	53	85	55	183	221	178	239	118	1182

図7-4 他部局・他団体との連携の有無　（単位：％）

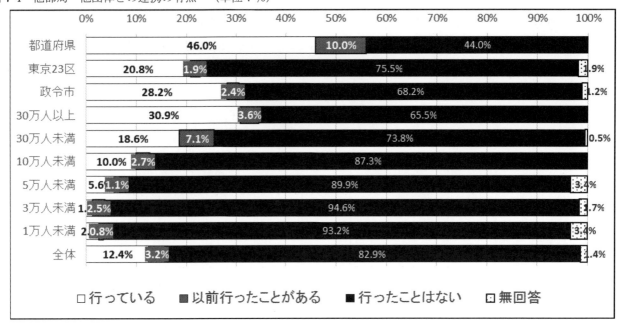

(4)-2. 連携の内容

　　他部局・他団体と連携している図書館（147館）の連携の内容は，(3)「共同事業その他」(2)「パンフ・チラシ等の交換」(1)「意見交換」の順になった。

表7-8　他部局・他団体との連携の内容　（単位：館）

	都道府県	東京23区	政令市	市町村 30万人以上	30万人未満	10万人未満	5万人未満	3万人未満	1万人未満	全体
(1)意見交換	2	3	8	5	4	4	3		3	32
(2)パンフ・チラシ等の交換	10	8	13	5	13	6	4	1	2	62
(3)共同事業他	16	5	15	13	23	16	6	2	1	97

(4)-3. 共同事業・その他　＊（　）内は回答した図書館数を表す

①外国語・多言語お話会での話し手紹介，講師派遣（31）
　　・話し手：ネイティブ・スピーカー，図書館員，国際交流員，ALT，ボランティア，大使館関係者，在住外国人，留学生　など
　　・対象：在住外国人の子ども，日本人の子ども
　　・イベント名の例：「Story Festa」「ブックトーク＆ヒューマントーク」「英語deおはなし会」「世界の絵本を楽しもう！」「クリスマスおはなし会」「外国語おはなし会」　など

②国際交流イベント等の開催，共催（27）
　　・共催相手：ALT，JICA，ドイツ文化センター，国際交流員　など
　　・イベント内容：友好姉妹都市交流事業，「インターナショナル・ワークショップ」，英語で楽しむ「クリスマスお楽しみ会」，ふるさと再発見塾，外国人親子向け高校進学相談会，子ども国際講座，国際交流フェスティバル　など
　　・その他：行事に使用する資料の選定，資料提供，ニーズ調査協力依頼

③展示（17）

姉妹都市関係，「外国人学校の子どもたちの絵画展」「子どもの本で知る世界の国々」

「韓紙工芸作品の展示」，JICA との協力展示，各種イベントでの展示協力　など

④収集・提供（13）

友好都市との相互寄贈，破棄する外国語資料の受入，外国語資料の団体貸し出し，国際交流関係の講座への資料提供　など

⑤利用案内（11）

外国語版利用案内の作成，イベントでの出前講座，外国人居住者・児童生徒向け利用案内，図書館ツアー　など

⑥翻訳（10）

利用案内，パンフレット，国際会議関連の資料展示に係る表示の翻訳依頼，姉妹都市の図書館との資料交換の際に翻訳などの協力を依頼　など

⑦その他（9）

外国人向け学習支援教室や外国人母子向け集いに訪問，国際 NGO 団体への寄付や意見交換，姉妹都市との図書交流，視察受け入れ，生活支援のための仲介，日本語教室への資料提供，利用案内実施　など

(5)　「母語による生活情報ガイド」発行の有無

> 第1部 問 7-5　貴自治体では，在住外国人のための「母語による生活情報ガイド」を発行していますか。
> （1）発行している　　　（2）発行していない　　（3）わからない　　　　（N=1005 全自治体）

(5)-1．自治体全体の状況

　　在住外国人のための「母語による生活情報ガイド」を発行していると回答したのは，289 自治体（28.8%）であるが，東京 23 区の割合が 89.5% と最も高い。次いで政令市，人口 30 万人以上の市町村の順になるが，人口 10 万人未満，特に人口 5 万人未満になるとかなり低くなる。「わからない」＋「無回答」が 195 自治体（19.4%）あった。

表 7-9　「生活情報ガイド」発行の有無　　（単位：上段＝館，下段＝%）

	都道府県	東京23区	政令市	市町村						全体
				30万人以上	30万人未満	10万人未満	5万人未満	3万人未満	1万人未満	
(1)発行している	29	17	16	30	97	63	23	11	3	289
	64.4%	89.5%	84.2%	73.2%	61.8%	30.6%	13.7%	4.7%	2.6%	28.8%
(2)発行していない	12	1	2	8	41	93	106	169	89	521
	26.7%	5.3%	10.5%	19.5%	26.1%	45.1%	63.1%	72.5%	76.1%	51.8%
(3)わからない	3	1	1	3	19	49	35	48	21	180
	6.7%	5.3%	5.3%	7.3%	12.1%	23.8%	20.8%	20.6%	17.9%	17.9%
無回答	1	0	0	0	0	1	4	5	4	15
	2.2%	0.0%	0.0%	0.0%	0.0%	0.5%	2.4%	2.1%	3.4%	1.5%
総計	45	19	19	41	157	206	168	233	117	1005

(5)-2. サービスエリアに外国人コミュニティがあると回答した自治体の状況

外国人コミュニティがあると回答した自治体（119）の場合は，割合では全体集計の倍に当たる 55.5% が生活情報ガイドを発行している。

表 7-10　外国人コミュニティがあると回答した自治体と「生活情報ガイド」発行とのクロス集計　（単位：自治体）

	都道府県	東京23区	政令市	市町村						全体
				30万人以上	30万人未満	10万人未満	5万人未満	3万人未満	1万人未満	
(1)発行している	12	5	7	7	23	8	4			66
(2)発行していない	3	1			7	9	11	6	3	40
(3)わからない					3	4	1	5		13
総計	15	6	7	7	33	21	16	11	3	119

(6)「母語による生活情報ガイド」の発行形態・発行言語等

第2部 問 7-5-1　在住外国人のための「母語による生活情報ガイド」を発行している場合，どのような形で発行していますか。　（複数回答可）
（1）冊子で発行している　（2）Web で「生活ガイド」を配信している
（3）その他（具体的に）　　　　　　　　　　　　　　　　　　　（N=289 該当自治体）

第2部 問 7-5-2　在住外国人向けの「母語による生活情報ガイド」（やさしい日本語を含む）について，発行している言語をチェックしてください。（複数回答可）
（1）やさしい日本語　　　（2）英語　　　　　（3）中国語
（4）韓国・朝鮮語　　　　（5）スペイン語　　（6）ポルトガル語
（7）その他の言語　　　　　　　　　　　　　　　　　　　　　　（N=289 該当自治体）

第2部 問 7-5-3　発行している「生活情報ガイド」の中に図書館についての記述・紹介はありますか。
（1）ある　　　　　（2）ない　　　　（3）わからない　　　　（N=289 該当自治体）

(6)-1.「母語による生活情報ガイド」の発行形態

「母語による生活情報ガイド」を発行していると回答した自治体は 289 あり，複数の媒体で発行している自治体も多いことが表 7-11 から読み取れる。冊子による発行が最も多いが，Web での配信もかなりあり，インターネットの普及とともに今後はさらに増加すると思われる。都道府県ではすでに Web での配信の方が多い。

表 7-11　「生活情報ガイド」の発行形態　（単位：自治体）

	都道府県	東京23区	政令市	市町村						全体
				30万人以上	30万人未満	10万人未満	5万人未満	3万人未満	1万人未満	
(1)冊子で発行している	16	15	13	23	76	56	18	6	2	225
(2)Webで配信している	24	9	14	18	47	25	11	3	1	152
(3)その他(具体的に)	4			2	8	4	3	1	1	23

＜その他＞
ビデオ，DVD を作成

74

(6)-2.「母語による生活情報ガイド」の発行言語

　　発行している言語の中では英語が最も多く，中国語，韓国・朝鮮語，ポルトガル語が続く。

表 7-12　「生活情報ガイド」の発行言語　　（単位：自治体）

	都道府県	東京23区	政令市	市町村 30万人以上	30万人未満	10万人未満	5万人未満	3万人未満	1万人未満	全体
(1)やさしい日本語	20	3	6	6	18	8	7	1		69
(2)英語	28	16	15	28	85	56	15	6	1	250
(3)中国語	28	16	15	26	79	45	11	5		225
(4)韓国・朝鮮語	20	16	13	19	50	31	5	2		156
(5)スペイン語	13		10	10	34	14	3			84
(6)ポルトガル語	21		8	16	46	32	12	3		138
(7)その他の言語	16	1	7	7	21	10	4	1		67

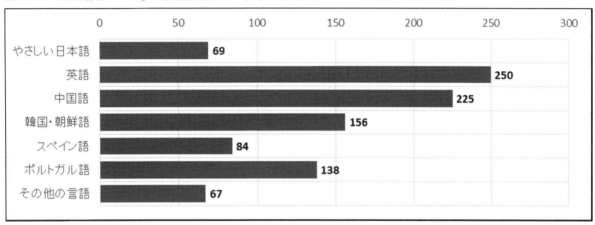

図 7-5　「生活情報ガイド」の発行言語　　（単位：自治体）

＜その他の言語＞

　　アラビア語，イタリア語，インドネシア語，ウルドゥー語，オランダ語，カンボジア語，タイ語，タガログ語，ドイツ語，フィリピノ語，フランス語，ベトナム語，マレー語，ラオス語，ロシア語，多言語版，日本語・やさしい日本語・ルビ付き日本語

(6)-3.「母語による生活情報ガイド」における図書館紹介記事の有無

　　「母語による生活情報ガイド」の中に図書館を紹介する記事があると回答した自治体は，145あり，該当自治体の半数以上が図書館を紹介しているが，逆に言えば図書館についての記述・紹介が「ない」，あるいは「わからない」自治体も半数近くあった。

表 7-13　「生活情報ガイド」における図書館紹介記事の有無　　（単位：館）

	都道府県	東京23区	政令市	市町村 30万人以上	30万人未満	10万人未満	5万人未満	3万人未満	1万人未満	全体
(1)ある	5	16	9	17	53	31	11	3		145
(2)ない	17	1	6	10	29	24	5	3	1	96
(3)わからない	5		1	2	8	6	3	3		28
無回答	2			1	7	2	4	2	2	20
総計	29	17	16	30	97	63	23	11	3	289

(7) 在住外国人のための案内

> **第1部 問7-6** 貴自治体では，上記「母語による生活情報ガイド」以外に，在住外国人ためのなんらかの「案内」を発行していますか。 （例えば，英語版防災マップ，学校案内など）
>
> 　（1）発行している　　（2）発行してない　　（3）わからない　　（N=1005 全自治体）
>
> （1）にチェックした場合，その発行物と言語名をお書きください。

(7)-1．自治体全体の状況

　　在住外国人のための案内を「発行している」と回答した自治体は，全体で約25%であった。政令市，人口30万以上の市町村，都道府県，東京23区の順で，70%前後の自治体がなんらかの「案内」を発行しており，記述回答にあるようにその発行物の内容と言語は多岐にわたっている。他の調査結果と同様人口段階が小さくなると発行の割合が少なくなる。ここでも「わからない」＋「無回答」が多く，全体の33.0%を占めた。

表7-14　在住外国人のための「案内」発行の有無　　（単位：自治体）

	都道府県	東京23区	政令市	市町村						全体
				30万人以上	30万人未満	10万人未満	5万人未満	3万人未満	1万人未満	
(1)発行している	31	13	14	29	75	51	25	9	4	251
	68.9%	68.4%	73.7%	70.7%	47.8%	24.8%	14.9%	3.9%	3.4%	25.0%
(2)発行していない	8	2	2	5	35	67	84	138	81	422
	17.8%	10.5%	10.5%	12.2%	22.3%	32.5%	50.0%	59.2%	69.2%	42.0%
(3)わからない	5	2	1	7	41	82	45	67	24	274
	11.1%	10.5%	5.3%	17.1%	26.1%	39.8%	26.8%	28.8%	20.5%	27.3%
無回答	1	2	2	0	6	6	14	19	8	58
	2.2%	10.5%	10.5%	0.0%	3.8%	2.9%	8.3%	8.2%	6.8%	5.8%
総計	45	19	19	41	157	206	168	233	117	1005

(7)-2．サービスエリアに外国人コミュニティがあると回答した自治体の状況

　　外国人コミュニティがあると回答した自治体では，在住外国人のための各種の案内を「発行している」という回答が67（56.3%）自治体あり，全体集計の倍以上の割合になった。

表7-15　外国人コミュニティがある自治体と在住外国人のための「案内」発行の有無とのクロス集計

（単位：自治体）

	都道府県	東京23区	政令市	市町村						全体
				30万人以上	30万人未満	10万人未満	5万人未満	3万人未満	1万人未満	
(1)発行している	12	5	6	7	21	10	5		1	67
(2)発行していない	2	1			6	5	10	6	2	32
(3)わからない	1				5	5	1	5		17
無回答			1		1	1				3
総計	15	6	7	7	33	21	16	11	3	119

(7)-3.「生活情報ガイド」以外の発行物と言語　＊（　　）内は回答した自治体数を表す

　＜発行物＞

　　①防災（118）

　　　　多言語防災ガイド，ハザードマップ，避難所・医療機関マップ，外国人避難者対応資料集，指差しカード

　　②ごみ収集（68）

　　　　ゴミカレンダー，分別方法，出し方

　　③生活全般（54）

　　　　生活ガイド，行政通訳窓口，多言語相談サービス　など

　　④観光（46）

　　　　地域の観光ガイド，タウンマップ，文化財のガイドマップ

　　⑤自治体の広報誌，自治体情報（42）

　　⑥医療（34）

　　　　医療ガイド，市内医療機関一覧表，国民健康保険案内，介護保険パンフレット，母子手帳，アルコール依存症，インフルエンザ等注意喚起，市立図書館での医療通訳案内

　　⑦教育（30）

　　　　学校案内，外国人児童生徒就労ガイドブック，外国人保護者用就学ハンドブック，外国籍市民のための教育相談ガイド（日本語ふりがな付），入園・入学案内，就学援助申請書の案内など

　　⑧ウェブサイト（13）

　　　　学校ガイド，生活ガイド，多国語ホームページ，自動翻訳機能　など

　　⑨日本語教室（11）

　　　　日本語教室の案内，やさしい日本語（スマホ用アプリ・手引き），日本文化講座の案内

　　⑩育児（8）

　　　　母語教育サポートブック，子育て応援ブック

　　⑪地図（7）

　　　　市内地図，施設マップ，官公署・学校・保育所などを記載した市内マップ

　　⑫税（6）

　　　　市県民税・自動車税のあらまし，納税カレンダー

　　⑬図書館（5）

　　　　図書館利用案内，ブックスタート案内

　　⑭その他（14）

　　　　国際交流・協力団体一覧，指さし会話表

　＜言語＞

　　　　中国語，韓国語，英語，ロシア語，ラオス語，やさしい日本語，ポルトガル語，ベトナム語，タガログ語，タイ語，スペイン語，カンボジア語，インドネシア語

2.8　その他：多文化サービスに関する意見・参考となる事例等

＊記述回答をカテゴリごとにまとめた。（　　）内は回答した図書館数を表す。

(1) 実践事例（29）

・近隣の日本語学校と大学の留学生の参加を募り，外国の人と日本の人が参加してビブリオバトルを開催。本を通しての国際交流・相互理解を図った。

・近隣の幼稚園での出張おはなし会を多言語で実施。タガログ語の読み聞かせは，ボランティアに協力を依頼。読み聞かせ後にフィリピンの子供の遊びを披露してもらい，園児らと楽しんだ。

・ミャンマー語の絵本を購入するにあたり，ミャンマーの方のネットワークに多文化共生プラザのFacebook を通じて絵本リストを配信し，購入希望アンケートをミャンマー語で実施。購入は検討中。

・4 か月児健診で，外国人の保護者に対応するため保健師と連携し，外国語の絵本を会場に展示。多言語の利用案内や，ブックスタート事業についての 7 か国語の「イラストアドバイス集」（NPO ブックスタート作成）を配布。

・市民協働事業で，図書館の廃棄本を販売した収益金で地域の活性化，多文化共生，環境など課題解決に取り組む事業を実施。多言語のごみの分別 DVD や，図書館の利用案内等を作成した。

・学校の国際交流学習の際に，県立図書館から国際交流のためのセット（例：ロシア語で書かれている絵本や，生活文化の本）を取り寄せ提供。

・日本語教室や文化体験会などを実施している。

・現在策定中の「子ども読書活動推進計画」では，外国語資料を充実させることとしている。

・交流事業で，市内にホームステイした姉妹都市からの訪問者から，洋書（蔵書）の充実を願って，毎年 100 冊程度の寄贈を受けている。洋書コーナーの充実により，市民の異文化理解も深まりつつある。

・国際化担当部署である「国際交流プラザ」では，ボランティアによって作成された市報のダイジェスト版（英語・中国語），市観光協会が作成した「指さし会話帳」（英語・中国語・ハングル・ロシア語）が配付されている。

・県立高校図書室から外国人の（日本語を母語としない）生徒への資料サービスについて問合せを受けている。内容は，日常的な読書活動に提供する資料について（「〜語の資料はどのくらいあるか？」）や，実用書の所蔵調査（「〜語のテニス教本はあるか？」），外国語資料の購入方法について等。需要の増加を感じ，現在県内公立高校図書室へ向けて，県立図書館の図書館協力 Web サイト上でサー

ビス案内を行っている。

・市内の小学校に外国人の子どもたちが入るクラスがあり，英語よりもポルトガル語の方が多いようである。図書館では，日本語の勉強のために幼児向けの絵本を学校貸出している。ポルトガル語だと職員も馴染みがないため図書館に来館された時の対応に困ることがある。

・小中学校に英語教師として配置されている方（スペイン語が母語の方）とスペイン語のおはなし会を実施した。その際，図書館における多言語サービスをこれからも積極的にしてほしいし，他の英語教師との協力関係構築の提案があった。また，行事開催に伴い，国際交流施設への見学・相談などをおこなっている。

・当区では，多数の大使館があり，国際化を推進している。関係部署との連携により，大使館関係者を学校訪問や読書まつりのゲストとして招き，その国の絵本の読み聞かせや文化を紹介している。

・乳幼児健診に読み聞かせボランティアを派遣しており，検診に来た外国人母子にも母語の絵本が図書館で利用できることを案内した。小学生の朝読書の時間に日本語の本が読みづらい外国人児童に母語の絵本や児童書の貸し出しを行った。

・留学生の図書館内見学の受入れ

(2) 現状・課題・要望など（22）

・10年程前，市内在住外国人の出身国別人数を調査し，母語の新聞を購入することを検討したが，予算・担当人員の問題から頓挫，現在の実態はつかんでいない。

・すべての人に図書館の利用を保障するという点で，多文化サービスが公共図書館の果たすべき役割の一つであることは認識しているが，十分なサービスを行うにはハードルが高く，苦慮している。

・ポルトガル語の利用案内を作成する際，依頼先が分からず苦労した。幸い国際交流協会がブラジル人で日本語が堪能なボランティアを紹介してくれたので作成することができた。言語の知識がない司書でも多言語図書館ガイドが作成できるように，例文のフォーマットを作成して図書館協会のホームページに掲載したらよいと思う。需要が多い英語・中国語から始めてほしい。国際交流委員会と協力し，国内外の図書館や図書館員で，図書館案内の作成にボランティアで協力してくれる方のリストを作成して，ホームページに連絡先を掲載してほしい。

・英語，中国語，ハングルなど身近な外国語資料（小説や雑誌）を所蔵することは図書館として大切。英語の本など，日本の本と比べ作りがよくない場合がある。

・外国語の本を所蔵しているが，利用はほぼ日本人。大人は英語のペンギンリーダーやペーパーバック。児童書は絵本やCD付の童話など，英語学習用の貸出と思われる。

・外国人が図書館の見学や登録に訪れるが，日本語を話せる方がほとんどで，語学力の必要性を感じることはなかった。しかし図書館振興計画に記載されていることからも，外国語資料の充実を図ることが今後の課題であると感じた。

・新図書館整備の準備作業の中で，多文化サービスにも取り組むべく，在留外国人の国別統計を参考に多国語の図書の購入などを行っている。

・市内に国際交流会館があり，留学生が利用している。外国語教室等も開催している。当館にはアメリカ情報コーナーを設置して（10年目）いるが，その他の外国語の資料は少ない。アメリカ人だけでなく，外国人留学生とも連携することができればと考えているが，外国語ができるスタッフがおらず，難しい。

・資料組織化の課題が大きい（データ入力，マーク，フォーマット変換，言語区分の設定等）。

・地域社会での生活習慣の違いによるトラブル発生の予防等のため相談窓口の開設が必要と思われる。図書館においても自治体と連携し多言語の情報発信の充実が望まれる。

・住民サービスの一環として図書館で多文化サービスを実施するのが理想の姿だと思う。ただ，外国人が少なく，図書館を利用するのも ALT の先生方ぐらいであるのが実情である。ALT の先生方に英語おはなし会にご協力いただいたり，教材として本を貸出したりしているが，多文化サービスを図書館が頑張っていくのは土地柄，難しいのかもしれない。

・多文化，多言語への対応は，図書館が世界に開かれた窓であることを日本人利用者にも外国人利用者にも理解していただけるサービスだと考えています。日本人が海外旅行した際，地域の公共図書館がどれだけ外国人である日本人に開かれているか，外国の図書館にも日本の文化（書籍，ゲーム，音楽や映画，アニメなど）が取り入れられているかを考えると，日本の図書館にはまだまだ多文化・多言語・他国のコンテンツが不十分だと思います。図書館の望ましい基準にも，「多文化」「多言語」と言った文字がありません。昨今では，英語教育特区などを申請する自治体もあり，学校教育における英語教育だけでなく，地域の公共図書館が教科書ではない，生きた海外の文化を取り入れることも課題だと思っています。また，現在 IT 企業や総務省が取り組んでいるスマートフォンを使った通訳システムがかなり良くなっています。そうしたツールを使うことで，100％のコミュニケーションができなくても，意思疎通や図書館の利用案内，資料案内ができる体制作りに取り組めるのでは。（例：多言語音声翻訳アプリ Voicetra（NICT）　http://voicetra.nict.go.jp/index.html）

・中国から農家に嫁いできた女性が多くいらした時期（第2回目の調査（1998年）の頃）があり，公民館の日本語教室で学んでいた。ブラジルの日系2世のお嫁さんも姉妹で在籍しており，同郷の人同士の交流の場にもなっていた。現在は日本語も上達され，家族ぐるみで図書館のよき利用者になっている。現在も公民館の日本語教室が継続されているが，参加者が少なくなっている。

・本市には国立・県立の大学があり，留学生の受入れが活発であるため，「外国人＝留学生」の存在は

馴染みがあり，市民レベルでの交流も盛んである。留学生は日本語にはある程度堪能であるというのが大方の認識である。今回，中国語しか話せない職業研修生の来館に言葉の違いによる要望確認の難しさを実感した。また外国人にとっては，おそらく自国でもそうであるため，「情報」を得る場としての図書館に対する期待が大きいことを実感した。今回の事例では，県国際交流協会を通じて，市内在住中国人の生活支援グループと結びつけることで解決することができた。

・市立中央図書館に，韓国語の戸籍［族譜（家譜）のことと思われる］を読んでほしいという人が来たので，韓国語の分かる市役所職員に応対を依頼した。

・国際友好クラブとの連携により，英語・中国語・韓国語のネイティブ・スピーカーによるおはなし会を平成 24 年度より実施しており，幼児から高齢者まで好評を得ている。図書館職員が市内の日本語クラスの教室に出向き図書館の PR をプロジェクターを使用してやさしい日本語と状況に応じて英語でも行っている。その際，多言語資料とリストを会場に持参して，ブックトークも行っている。図書館の館内を案内する「図書館 PR&図書館ツアー」も実施した。

・市内に外国人コミュニティがない。利用者は日本語が概ね理解できている。利用時にあいさつ程度の言葉を投げかけると喜んでもらえる。

・自治体が典型的な中山間地域にあり，最小規模の町内唯一の町立図書館が山奥の集落に立地するため，外国人定住者は ALT ぐらいで，その他には通訳を伴った外国人旅行者（視察者）がたまに通る程度。

・留学生や ALT などの利用者がいない。

・今のところ問い合わせ・要望等ないが，今後は対応していく必要があると思われる。

・多文化サービスについて知識，学ぶ機会が少ないので，研修などを開催して欲しい。

・当市でも漸く多文化サービスに着手しようとしており，このアンケート結果を基に手法を学びたい。

３．調査結果の分析

3.1　これまでの調査との比較

　ここでは,『日本の図書館1988』付帯調査である『多文化サービス実態調査(1988)』（以下，1988年調査),『多文化サービス実態調査1998』（以下，1998年調査),『日本の図書館2002』ミニ付帯調査である『多文化サービスについて』（以下，2002年調査）と今回実施した「図書館の多文化サービス実態調査2015」（以下，2015年調査）とを比較する。

　4つの調査の概要は，表1のとおりである。1988年調査では，標本数や回収率が不明であるが，調査票が回収できた市区町村立図書館1126館と私立図書館21館，合計1147館を公共図書館の母集団として集計した。2002年調査では，調査対象2711館のうち，私立図書館25館を除いた公立図書館2686館の数値を使用する。各設問は類似してはいるものの，対象の範囲が異なるため，2015年調査の一部でクロス集計を行うなどの工夫を加えて比較した。

　比較する設問の順番は，2015年調査に合わせる。この章における見出しの3.1.以下の数字は，2015年調査の設問の番号と一致する。これまでの調査との比較を行わなかった「5 検索」については，見出し番号を飛ばしている。

　単位はすべて館である。百分率は小数第二位を四捨五入して小数第一位までとした。1998年第2次調査は報告書には百分率しかないが，ここではその百分率に母数を乗じて実数を算出している。

表 1 多文化サービス実態調査の概要比較

		1988 年調査	1998 年調査	2002 年調査	2015 年調査
第 1 次	調査地域	全国	全国	全国	全国
	調査対象	公共図書館 （私立 21 館含む）	公立図書館	公共図書館 （私立 25 館含む）	公立図書館（中心館）
	標本数	不明	2500	2711	1366
	調査方法	郵送	郵送	郵送	Web 入力，メール， FAX，郵送
	調査期間	1988 年 4 月 1 日 〜5 月 20 日 （1988 年 4 月 1 日現在）	1998 年 4 月 1 日 〜5 月 20 日 （1998 年 4 月 1 日現在）	2002 年 4 月 1 日 〜5 月 20 日 （2002 年 4 月 1 日現在）	2015 年 10 月 9 日 〜11 月 30 日（入力期限 を 12 月 20 日まで延長）
	回収数	1147 （うち市区町村立図書館 1126）	2272	2711 （うち公立図書館 2686）	1005 自治体，1182 館 （1005 中心館および 177 地区館）
	回収率	推定 99%	89.5%	100%	73.6%（自治体数）
第 2 次 （2015 年 において は第 2 部）	調査地域		全国		全国
	調査対象		外国語図書の所蔵が 501 冊以上の館，および外国 語雑誌と外国語新聞の所 蔵タイトル数の合計が 5 以上の館。		第 1 部の各設問で，詳 細質問へ導かれる側の 回答をした館
	標本数		377		設問による
	調査方法		郵送法 （はがき督促を 1 回）		第 1 部と同時回答
	調査期間		1998 年 11 月 10 日 〜11 月 25 日		第 1 部と同期間
	調査実施機関		株式会社サーベイリサー チセンター		多文化サービス委員会
	回収数		329		設問による
	回収率		87.3%		設問による
	出典	日本図書館協会障害者サ ービス委員会「図書館の 多文化サービス：『多文 化サービス実態調査 (1988)』の分析 I 公 共図書館」（『現代の図 書館』27(2), 1989.6, p118-125）	日本図書館協会障害者サ ービス委員会『多文化サ ービス実態調査 1998 〈公立図書館編〉報告 書』1999.3	JLA 図書館調査事業委 員会事務局「多文化サ ービスについて：2002 年図書館調査ミニ付帯 調査結果報告」（『図 書館雑誌』97(2), 2003.2, p 106-107）	本調査

3.1.1 方針

1988年調査では，12館が文書化された業務指針のなかに「多文化サービス」に特にかかわる部分があると回答していた。1998年調査では157館が「多文化サービス」「国際化」に特にかかわる部分をもつ業務指針があると回答し，2015年調査では256館が多文化サービスの根拠となる業務指針があると回答している。おおむね似ている設問とみなし，調査対象全体の割合でみると，1.0%，6.9%，21.7%と増加している。

> （1988年調査）6. 貴館の文書化された業務指針等（利用規則，事務分掌規定，選書方針等）の中に「多文化サービス」に特にかかわる部分がありますか。　　　　　　　　　　（N=1147 全図書館）

表 2 方針（1988年）

ある	ない	無回答
12(1.0%)	1116(97.3%)	19(1.7%)

> （1998年1次調査）問5：文書化された業務指針（利用規則，事務分掌規定，選書方針等）の中に「多文化サービス」「国際化」に特にかかわる部分がありますか。　　　　（N=2272 全図書館）

表 3 方針（1998年）

ある	ない	計画中	無回答
157(6.9%)	1934(85.1%)	23(1.0%)	158(7.0%)

> （2015年調査）問1-1　貴館には，多文化サービスの根拠となる業務指針（例：事務分掌規定，選書方針等）等がありますか。　　　　　　　　　　　　　　　　　　　（N=1182 全図書館）

表 4 方針（2015年）

ある	ない	わからない	無回答
256(21.7%)	908(76.8%)	10(0.8%)	8(0.7%)

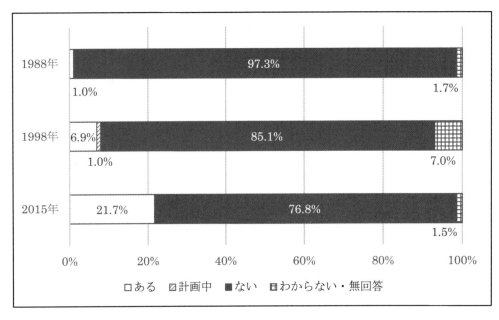

図 1 多文化サービスの根拠となる業務指針

3.1.2 職員・ボランティアなど

　多文化サービスを支える人々についての設問は，1988年，1998年，2015年と大きく変わってきた。かつては職員採用時に国籍条項の壁があった。現在は，国籍にかかわらず正職員になれる制度はあっても，非常勤職員の割合が高まっていることや，ボランティアの協力がこのサービスを充実させていることもあることから，正職員以外でも，日本国籍を持たない職員や日本語が母語ではない職員がいるかどうかを尋ねた。

　これまでの調査では，日本国籍を持たない人が職員（司書）に「応募できるか」（1988年・1998年第1次），および「勤務しているか」（1998年第2次）という質問に対し，今回の2015年調査では「日本国籍を持たない方や日本語が母語ではない方が図書館にいますか」と尋ねている。そのため，これまでの調査項目と単純に並べにくいものがある。

　調査の結果，2015年調査では，正規・非正規を問わず，日本国籍を持たない職員や日本語が母語でない職員が図書館にいる館は31館で全体の2.6%である。一方，1998年調査では，「外国語図書の所蔵が501冊以上の館，および外国語雑誌と外国語新聞の所蔵タイトル数の合計が5以上」（以下，「1998年2次調査」という）の329館のうち，日本国籍を持たない正職員がいる館が2館(0.6%)だった。その他の職員では8館(2.4%)であった。

　1998年2次調査と比較するため，2015年調査についても外国語図書の所蔵が501冊以上の館（480館）に絞り込むと，日本国籍を持たない職員や日本語が母語でない職員が図書館にいる館は20館で4.2%であった。このように外国語図書を多く所蔵する館に絞って条件を近づけてみると，正規・非正規を問わず図書館サービスにかかわっている日本国籍を持たない職員や日本語が母語ではない職員がいる館は，5%以下であまり変化してない。

（1998年2次調査）　問3　貴館には，日本国籍を持たない職員が勤務していますか。正職員とその他の職員分けてお答えください。　（N=329 外国語図書の所蔵が501冊以上の館，および外国語雑誌と外国語新聞の所蔵タイトル数の合計が5以上の館。以下，1998年第2次調査の「N=329」は同様。）

表5　日本国籍を持たない職員(1998年)

	現在勤務している	勤務していたことがある	事例はない	無回答
正職員	2(0.6%)	3(0.9%)	314(95.4%)	10(3.0%)
その他の職員	8(2.4%)	3(0.9%)	303(92.1%)	16(4.9%)

（2015年調査）第1部　問2-2　日本国籍を持たない方や日本語が母語でない方が図書館にいますか。＊正規職員／非正規職員を問いません。委託職員・ボランティア等も含めてお答えください。

（N=1182 全図書館）

表6　日本国籍を持たない職員等(2015年)

いる	以前いたが今はいない	いない	わからない	無回答
31(2.6%)	11(0.9%)	1081(91.5%)	48(4.1%)	11(0.9%)

表 7 外国語図書 501 冊以上の館と日本国籍を持たない職員等のクロス集計(2015 年)　N=480

いる	以前いたが今はいない	いない	わからない	無回答
20(4.2%)	6(1.3%)	414(86.3%)	37(7.7%)	3(0.6%)

外国語によるカウンター対応

　外国語によるカウンター対応ができる職員がいる館は増えている。

　1998 年 2 次調査では、329 館に外国語で簡単なカウンター対応ができる職員がいるかどうかを尋ねている。2015 年調査について外国語図書の所蔵が 501 冊以上の館に絞り込んでみると、外国語で簡単なカウンター対応ができる職員がいる館の割合は 55.0%から 61.3%に高まっていた。

> (1998 年 2 次調査)　問 2：貴館には、外国語で簡単なカウンター対応ができる職員がいますか。貸出、返却の定型的なやりとりができる範囲で結構ですが、窓口に配属されていない職員も含めた図書館職員全体を対象として考えてください。　　　　　　　　　　　　　　　　　　(N=329)

表 8 外国語によるカウンター対応(1998 年)

いる	いない	無回答
181(55.0%)	121(36.8%)	27(8.2%)

> (2015 年調査)　第 1 部 問 2-3　外国語で簡単なカウンター対応ができる職員がいますか。
> 　　　　　　　　　　　　　　　　　　　　　　　　　　　　　　　　(N=1182 全図書館)

表 9 外国語によるカウンター対応(2015 年)

いる	いない	無回答
479(40.5%)	690(58.4%)	13(1.1%)

表 10 外国語図書 501 冊以上の館と外国語によるカウンター対応のクロス集計(2015 年) N=480

いる	いない	無回答
294(61.3%)	183(38.1%)	3(0.6%)

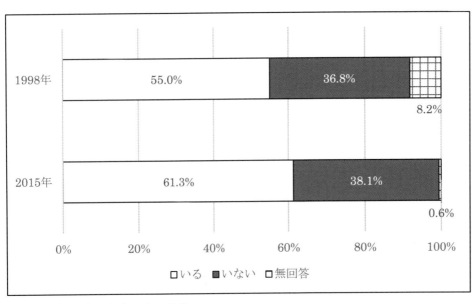

図 2 外国語によるカウンター対応

3.1.3 資料

3.1.3.1 図書

外国語図書を所蔵する館は，おおむね増加傾向にある。

1988年調査では1987年度の1年間の受入図書について尋ねたが，1998年，2002年，2015年は所蔵している冊数を聞いている。また，1988年と2002年では単に「外国語図書」について尋ねているが，1998年と2015年は，外国語図書でも日本人のための外国語辞書や語学学習書を除くとしている。

1998年調査と2015年調査の結果を比較すると，本文が外国語の図書を所蔵している割合は72.3%から90.2%にと増えている。2002年は「所蔵外国語資料の形態」という質問で，「図書」に印を付けた館を「外国語図書を所蔵している」とみなすと，67.9%である。これは，1998年および2015年の割合より小さい。

（1988年調査）　11.　1987年度中の受入図書の中に日本語以外の言語で書かれたものがありますか
（N=1147 全図書館）

表 11 外国語図書の受入(1988年)

ある	ない	無回答
404(35.2%)	669(58.3%)	74(6.5%)

（1998年1次調査）　問7：貴館で所蔵している外国語図書の冊数は，次のうちどれですか。ただし，日本人のための外国語辞書や語学学習書などは除きます。　（N=2272 全図書館）

表 12 外国語図書の所蔵(1998年)

1冊以上	0冊	無回答
1642(72.3%)	498(21.9%)	132(5.8%)

（2002年調査）　3. 所蔵外国語図書資料の形態（1　図書）　　（N=2686 全図書館）

表 13 外国語図書の所蔵(2002年)

〔所蔵している〕
1823(67.9%)

（2015年調査）　第1部 問3-1　本文が外国語の図書を所蔵していますか。
＊日本人の外国語学習のための辞書や語学学習書などは除きます
＊出版国にかかわらず，本文が外国語で書かれた図書があるかどうかでお答えください。　（N=1182 全図書館）

表 14 外国語図書の所蔵(2015年)

所蔵している	所蔵していない	無回答
1066(90.2%)	110(9.3%)	6(0.5%)

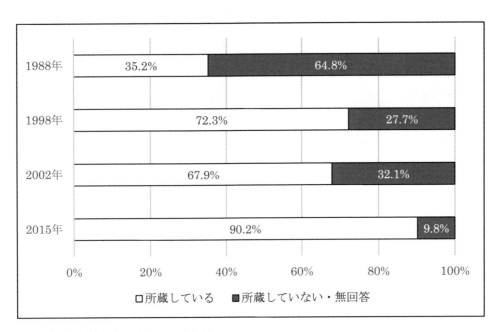

図 3 本文が外国語の図書の所蔵有無

図書の言語別所蔵状況

4つの調査で母数の範囲や質問の仕方が異なり比較が困難だが、おおむね、どの言語についても所蔵している館は増加している。また、中国語、韓国・朝鮮語、スペイン語、ポルトガル語について、外国語の児童書を所蔵する館の増え方に比べ、外国語の一般書を所蔵する館の増え方が大きい。

4つの調査母数の範囲と回答の冊数、一般と児童の区別については次のように異なっている。

 1988 年：全図書館の 1987 年度収集の外国語図書（一般・児童の区別なし）
 1998 年：全図書館が調査時に所蔵する外国語図書（一般・児童別）
 2002 年：全図書館が調査時に 100 冊以上所蔵する外国語図書（一般・児童の区別なし）
 2015 年：本文が外国語の図書を所蔵していると回答した 1066 館が、調査時に 10 冊以上所蔵する外国語図書（一般・児童別）

一般書と児童書を区別して調査した 1998 年調査と 2015 年調査を比較するため、2015 年調査の数値を全図書館数(1182 館)で割ってみると、2015 年調査では、英語の一般書を所蔵している館が 72.3% あり、1998 年の 54.8% に比べ高くなっている。英語の児童書では、59.9% から 83.7% に高まっている。中国語の一般書では、14.3% から 23.5% に高まっているのに対し、児童書では 21.3% から 27.0% への比較的穏やかな増加であった。

表 15 外国語図書の言語別所蔵状況

	1998 年 (N=2272)		2015 年 (N=1182)	
	一般書	児童書	一般書	児童書
英語	1246(54.8%)	1362(59.9%)	855(72.3%)	989 (83.7%)
中国語	326(14.3%)	484(21.3%)	278(23.5%)	319 (27.0%)
韓国・朝鮮語	253(11.1%)	511(22.5%)	226(19.1%)	322 (27.2%)
その他のアジアの言語 (1998 年のみ)	100(4.4%)	413(18.2%)	—	—
スペイン語	155(6.8%)	424(18.7%)	134(11.3%)	232 (19.6%)
ポルトガル語	141(6.2%)	372(16.4%)	126(10.7%)	193 (16.3%)
ドイツ語			133(11.3%)	232 (19.6%)
フランス語	249(11.0%)	563(24.8%)	141(11.9%)	240 (20.3%)
その他のヨーロッパ言語 (1998 年のみ)			—	—
その他(一般・児童) ＊	—	—	131(11.1%)	
無回答	1010(44.5%)	892(39.3%)	—	—

＊英語，中国語，韓国・朝鮮語，スペイン語，ポルトガル語，ドイツ語，フランス語以外

3.1.3.2 新聞・雑誌

外国語新聞の所蔵状況

外国語の新聞を所蔵している図書館の割合は，18.4%(1988年)，36.8%(1998年)，32.8%(2002年)，50.7%(2015年)とおおむね増加傾向にある。

ただし，1988年調査では，1987年度中の受入新聞資料について聞いている。1998年調査では，言語ごとに新聞・雑誌について，所蔵しているものがありますかと聞き，2002年調査では，「所蔵外国語図書資料の形態」を尋ね，選択肢のなかに「新聞」がある設問だった。2015年調査では，第1部で本文が外国語の新聞・雑誌を所蔵していると回答した657館に，第2部で新聞・雑誌それぞれのタイトル数を聞いている。2.3.2 新聞・雑誌で報告されているように，新聞の所蔵タイトル数を1以上回答している館の合計は599館である。

2002年調査まで，館数では211館，836館，882館と増加している。2015年では599館と，館数では減少しているが，割合では50.7%と高くなった。

外国語雑誌の所蔵状況

外国語の雑誌を所蔵している図書館の割合は，14.6%(1988年)，26.8%(1998年)，24.2%(2002年)，32.3%(2015年)と，おおむね増加傾向にある。

新聞と同様，1988年調査では1987年度中の受入雑誌資料について尋ねている。1998年調査では，言語ごとに新聞・雑誌について，所蔵しているものがありますかと聞き，2002年調査では，「所蔵外国語図書資料の形態」を尋ね，選択肢のなかに「雑誌」がある設問だった。2015年調査では，第1部で本文が外国語の新聞・雑誌を所蔵していると回答した657館に，第2部で新聞・雑誌それぞれのタイトル数を聞いている。2.3.2 新聞雑誌で報告されているように，雑誌の所蔵タイトル数を1以上回答している館の合計は382館である。

2002年調査まで，館数では168館，610館，651館と増加している。2015年では382館と，館数では減少しているが，割合では32.3%と高くなった。

新聞・雑誌の言語別所蔵状況

言語別に新聞・雑誌の所蔵状況を見ると，英語，中国語，韓国・朝鮮語の新聞および雑誌，スペイン語，ポルトガル語の雑誌を所蔵する館の割合は高まっている。

1988年調査，1998年調査，2015年調査は，比較のため表の「N=」の数字で百分比を出した。

なお，2002年調査では，所蔵新聞・雑誌の言語を調査していない。

（1988 年調査）　13. 1987 年度中の受入新聞資料の中に日本語以外の言語で書かれたものがあります

か。言語名を挙げて下さい　　　　　　　　　　　　　　　（N=1147 全図書館）

（1998 年 1 次調査）　問 9：次に〔挙げる〕外国語で書かれた新聞・雑誌について，所蔵しているも

のがありますか。出版国にかかわらず，使用されている言語が何であるかでお答えください。

　　　　　　　　　　　　　　　　　　　　　　　　　　　（N=2272 全図書館）

（2002 年調査）　該当なし

（2015 年調査）

第 1 部 問 3-2　本文が外国語の新聞・雑誌を所蔵していますか。

＊出版国にかかわらず，本文が外国語で書かれた新聞・雑誌があるかどうかでお答えください。

　（N=1182 全図書館）

第 2 部 問 3-2-1　言語別所蔵状況をお書きください。（複数回答可）

　　　　　　　　　　　　　（N=657　第 1 部 問 3-2 で所蔵していると回答した館）

表 16 外国語新聞の言語別所蔵状況

	1988 年(N=1147)	1998 年(N=2272)	2015 年(N=1182)
英語	201(17.5%)	826(36.4%)	589(49.8%)
中国語	22(1.9%)	103(4.5%)	112(9.5%)
韓国・朝鮮語	2(0.2%)	79(3.5%)	72(6.1%)
その他のアジア言語＊	―	17(0.7%)	―
スペイン語	1(0.1%)	21(0.9%)	4(0.3%)
ポルトガル語	―	45(2.0%)	5(0.4%)
その他のヨーロッパ言語	―		―
ドイツ語	9(0.8%)	30(1.3%)	10(0.8%)
フランス語	3(0.3%)		17(1.4%)

＊中国語，韓国・朝鮮語以外のアジア言語

表 17 外国語雑誌の言語別所蔵状況

	1988 年(N=1147)	1998 年(N=2272)	2015 年(N=1182)
英語	151(13.2%)	596(26.2%)	370(31.3%)
中国語	24(2.1%)	124(5.5%)	100(8.5%)
韓国・朝鮮語	7(0.6%)	90(4.0%)	71(6.0%)
その他のアジア言語＊	―	18(0.8%)	―
スペイン語	1(0.1%)	19(0.8%)	15(1.3%)
ポルトガル語	―	18(0.8%)	30(2.5%)
その他のヨーロッパ言語	―		―
ドイツ語	14(1.2%)	73(3.2%)	36(3.0%)
フランス語	18(1.6%)		49(4.1%)

＊中国語，韓国・朝鮮語以外のアジア言語

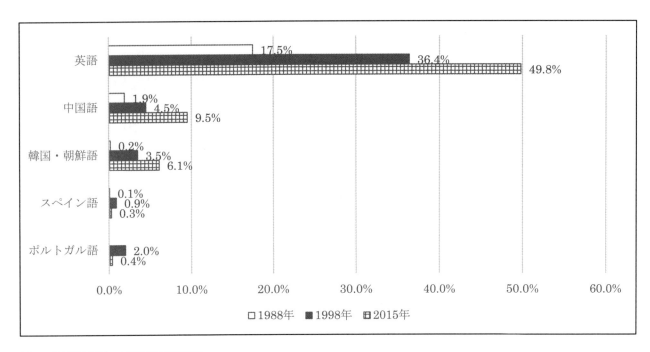

図 4 外国語新聞の言語別所蔵状況

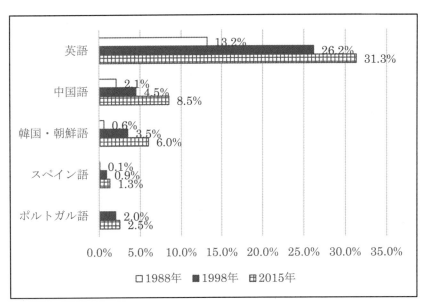

図 5 外国語雑誌の言語別所蔵状況

3.1.3.3 視聴覚資料
視聴覚資料の媒体別・内容別所蔵状況

　視聴覚資料は媒体が変化している。2015 年調査の項目にある DVD は，1998 年調査ではなかった。また，2015 年調査では，視聴覚資料を所蔵している館 936 館の回答であるので，1998 年 2 次調査と母数の範囲が異なる。したがって，ここでは参考程度に傾向をみることにする。

　1998 年調査では，映画・ドラマや教養・芸能のビデオテープと音楽の CD を所蔵している館が，176 館(65.7%)，206 館(76.9%)，236 館(88.1%)と多かった。そして，2015 年調査では，映画・ドラマの DVD や音楽の CD を所蔵している館が，734 館(78.4%)，768 館(82.1%)と多かった。

3.1.4 目　録
外部データの参照・利用

　インターネットで国内・国外の図書館の書誌データが公開されるようになり，各図書館でも目録の電算化が進んでいる。2015 年調査では，利用している外部データの選択肢として，国立国会図書館や国立情報学研究所の目録データが加えられた。

　外部データを参照・利用しているかについては，参照・利用していない館の推移をみる。1998 年 2 次調査では 152 館（46.2%）だったのに対し，2015 年調査では 183 館（22.3%）となっているので，何らかの外部データを利用している館の割合は高まっていることが分かる。

（1998 年 2 次調査）問 17　貴館では，外国語資料の目録作成で，外部データを利用していますか。

(N=329)

（2015 年調査）　第 2 部　問 4-4　外国語資料の目録作成にあたり，外部データを，参照・利用していますか。

（N=819 本文が外国語の資料を所蔵している館。第 2 部　問 4-1 で無回答の 186 自治体を除く）

表 18 外部データの参照・利用

	1998 年	2015 年
参照・利用していない	152(46.2%)	183(22.3%)

3.1.6 サービス，案内，対応
3.1.6.1 利用案内と館内掲示

　2015 年調査では，外国語ややさしい日本語で書かれた広報類を作成しているのは 481 館(40.7%)だった。「やさしい日本語」を 2015 年調査ではじめて尋ねた。多文化サービスに有効な言語のひとつとして注目されているからである。しかし，広報類の有無を聞いてから，個別に種類と言語を尋ねているため，全体のうち日本語以外の利用案内を作成している館の割合を比較することができない。1988 年調査では，日本語以外の言語で利用案内を作成している館は 24 館(2.1%)，館内掲示類で日本語以外の言語で記されたものがある館は 28 館(2.4%)だった。

　以下では，言語別に調査を行っている 1998 年と 2015 年の利用案内と館内掲示について比較検討する。2015 年調査は，第 2 部で種類と言語を尋ねているが，割合算出は全図書館(1182 館)を母数とした。利用案内と館内掲示については，次のような共通の質問で尋ねている。

（1998 年 1 次調査）問 2：日本語以外の言語で書かれた利用案内や館内掲示がありますか。（英語，中国語，韓国・朝鮮語，その他）　　　　　　　　　　　　　　（N=2272 全図書館）

（2015 年調査）
第 1 部　問 6-1　外国語や，やさしい日本語で書かれた広報類（利用案内／登録申込書・リクエスト申込書／館内掲示／ウェブサイト等）がありますか。　　　　　　（N=1182 全図書館）

第 2 部　問 6-1　作成している広報類と言語をチェックしてください。
　　　　　　　　　　　　　　　　　　　　　　（N=481 第 1 部 6-1 であると回答した館）

利用案内

　調査した言語の中で一番多いのは英語である。英語，中国語，韓国・朝鮮語のいずれでも利用案内を作成している館の割合が高くなっている。

表 19　言語別利用案内の作成状況

〔利用案内〕	1998 年(N=2272)	2015 年(N=1182)
やさしい日本語（含むふりがなつき）	−	158(13.4%)
英語	438(19.3%)	353(29.9%)
中国語	174(7.7%)	223(18.9%)
韓国・朝鮮語	124(5.5%)	159(13.5%)
スペイン語		61(5.2%)
ポルトガル語	51(2.2%)	84(7.1%)
その他の言語		35(3.0%)

館内掲示

　利用案内と同様，一番多い言語は英語である。英語，中国語，韓国・朝鮮語のいずれでも館内掲示がある館の割合がわずかに高くなってきている。

表 20　言語別館内掲示の有無

〔館内掲示〕	1998 年(N=2272)	2015 年(N=1182)
やさしい日本語（含むふりがなつき）	−	48(4.1%)
英語	135(5.9%)	73(6.2%)
中国語	29(1.3%)	23(1.9%)
韓国・朝鮮語	26(1.1%)	16(1.4%)
スペイン語		3(0.3%)
ポルトガル語	9(0.4%)	10(0.8%)
その他の言語		3(0.3%)

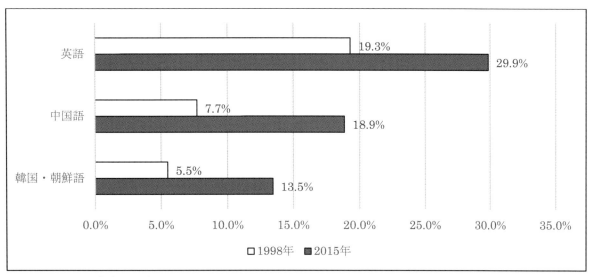

図 6 言語別利用案内の作成状況

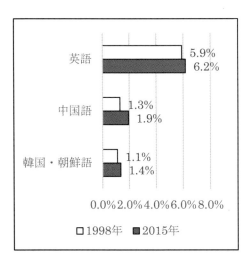

図 7 言語別館内掲示の有無

3.1.6.2 イベント

外国人のための日本語教室,外国語によるおはなし会などを実施している図書館は増加している。

(1998年1次調査) 問10:外国語によるお話会,外国人のための日本語教室などを,図書館および図書館と併設の施設で行っていますか。図書館主催でない催しも含めて答えてください。
(N=2272 全図書館)

表 21 お話し会や日本語教室(1998年)

実施している	実施していない	無回答
127(5.6%)	2030(89.3%)	115(5.1%)

(2015年調査) 第1部 問6-2 外国人のための日本語教室,外国語によるおはなし会などを,図書館や他の施設で実施していますか。
(N=1182 全図書館)

表 22 お話し会や日本語教室(2015年)

実施している	実施していない	無回答
312(26.4%)	862(72.9%)	8(0.7%)

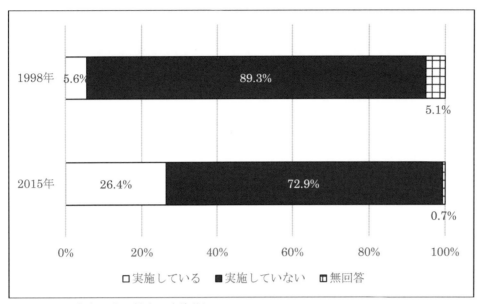

図 8 お話し会や日本語教室の実施状況

3.1.6.3 マニュアル

外国語での対応のためのマニュアルを作成している館はあまり変わらず，割合では小さくなっている。

1998年調査では，2次調査での項目である。2015年調査では，全図書館1182館に，指差しシートを含めた外国語で応対するためのマニュアルを作成しているかどうかを尋ねた。

2015年調査について，外国語図書を501冊以上所蔵する図書館に絞って1998年と比較すると，外国語での対応マニュアルを作成している館は65館(19.8%)から70館(14.6%)に変わっていた。館数は増えているが，割合では減少している。

> (1998年2次調査) 問1：早速ながら貴館では，日本語の知識がほとんどない利用者との，外国語での対応のためのマニュアル〔を〕作成していますか。　　　　　　　　　　　(N=329)

表 23 マニュアルの作成(1998年)

作成している	作成していない	無回答
65(19.8%)	254(77.2%)	10(3.0%)

> (2015年調査) 第1部 問6-3 外国語で応対するためのマニュアルを作成していますか。
> *正式に「マニュアル」と呼称していなくとも，「臨時休館のお知らせの指差しシート」なども含みます。　　　　　　　　　　　　　　　　　　　　　　　　　　(N=1182 全図書館)

表 24 マニュアルの作成(2015年)

作成している	作成していない	無回答
85(7.2%)	1092(92.4%)	5(0.4%)

表 25 外国語図書 501 冊以上の館とマニュアルの作成のクロス集計(2015 年) N=480

作成している	作成していない	無回答
70(14.6%)	410(85.4%)	0(0.0%)

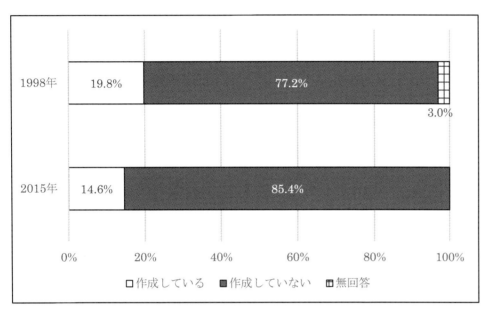

図 9 外国語での対応マニュアルの作成

3.1.6.5 要望や問い合わせ

多文化サービスに関するなんらかの要望や問い合わせを受けたことがある館の割合は，1988 年調査では 45 館(3.9%)だったが，1998 年調査と 2015 年調査では 1266 館(55.7%)，537 館(45.4%)というように約半分の館で要望や問い合わせを受けたことがあった。

3.1.6.6 懇談会や要望調査

在住外国人の図書館ニーズを調査するための懇談会や要望調査を行っている図書館はほとんどない。外国語図書を 501 冊以上所蔵する館で 1998 年と 2015 年を比較すると，わずかに増加している。

（1998 年 2 次調査） 問 4：貴館では，在日外国人の図書館ニーズを把握するために，当事者との懇談会等を持ったことがありますか。　　　　　　　　　　　　　　　　　　　　　　　(N=329)

（2015 年調査） 第 1 部 問 6-6　在住外国人の図書館ニーズを把握するために，当事者との懇談会や要望調査等を行ったことがありますか（複数回答可）。　　　　　　　(N=1182 全図書館)

表 26 外国語図書 501 冊以上所蔵する館における懇談会や要望調査

	1998年(N=329)		2015年(N=480)
自治体・外郭団体主催の懇談会・調査等に参加	5(1.5%)	自治体・外郭団体主催の懇談会・調査等に参加	15(3.1%)
図書館で主催	7(2.1%)	図書館で主催	8(1.7%)
民間団体主催の懇談会・調査等に参加	1(0.3%)	民間団体主催の懇談会・調査等に参加	3(0.6%)
事例がない	309(93.9%)	事例がない	398(82.9%)
無回答	7(2.1%)	分からない	45(9.4%)
		その他	16(3.3%)

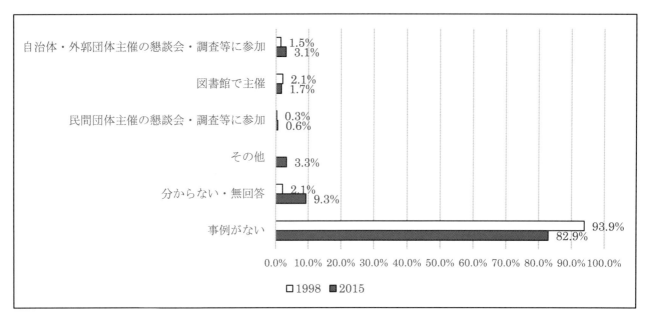

図 10 外国語図書 501 冊以上所蔵する館における懇談会や要望調査

3.1.6.7 課　題

　1998年も2015年も，課題として挙げられた事項の1位，2位は，「地域の外国人ニーズが不明」と「カウンターの応対・利用案内作成などの際の職員の外国語対応能力が不足」であった。

　1998年調査になかった選択肢「外国人に対して，図書館のＰＲ不足」を，2015年調査で課題として挙げた館は520館(44.0%)で上位（4位）になっている。

　電算入力ができない文字があるという課題の順位は下がったものの，課題として挙げた館の割合としては26.1%から30.2%に増加している。

　「外国人は図書館に来ない」，「図書館に来る外国人は日本語の資料で満足しているようだ」と回答した館の割合は減っている。

（1998 年 1 次調査）問 11：在住外国人への図書館サービスについて，貴館では下記の内に該当する点がありますか？（複数回答可）　　　　　　　　　　　　　　（N=2272 全図書館）

（2015 年調査）　第 1 部 問 6-7　在住外国人への図書館サービスについて，貴館で，下記に該当する点がありましたら，チェックしてください（複数回答可）。　　　　　（N=1182 全図書館）

1998年		2015年	
		1位）地域の外国人ニーズが不明	847(71.7%)
		2位）カウンターの応対・利用案内作成などの際の職員の外国語対応能力が不足	800(67.7%)
1位）カウンターの応対・利用案内作成などの際の職員の外国語能力に難がある	1120(49.3%)		
2位）地域の外国人ニーズが不明	1102(48.5%)		
		3位）資料費がない・少ない	541(45.8%)
		4位）外国人に対して、図書館のＰＲ不足	520(44.0%)
		5位）外国語図書の選書・発注が困難	513(43.4%)
3位）資料費がない・少ない	897(39.5%)		
4位）外国語図書の選書・発注が困難	754(33.2%)		
		6位）外国語資料の整理が困難	366(31.0%)
		7位）電算入力ができない文字がある	357(30.2%)
5位）電算入力ができない外国語（文字）がある	593(26.1%)		
		8位）外国語資料の購入ルートの確認・確保が困難	305(25.8%)
6位）外国語資料の整理が困難	547(24.1%)		
7位）外国語資料の購入ルートの確認・確保が困難	466(20.5%)		
8位）外国人は図書館に来ない	317(14.0%)		
		9位）外国人は図書館に来ない	158(13.4%)
9位）図書館に来る外国人は日本語の資料で満足しているようだ	185(8.1%)		
		10位）図書館に来る外国人は日本語の資料で満足しているようだ	84(7.1%)
		11位）地域に外国人は住んでいない	19(1.6%)
10位）地域に外国人は住んでいない	22(1.0%)	その他	39(3.3%)
その他	89(3.9%)		
無回答	328(14.4%)		

図 11 課題の順位とそれを課題とする館の割合

＊「その他」は，1998 年調査の報告書では，89(23.9%)と記載とあるが，誤記と思われるため訂正した。

99

3.1.7 他部局との連携

　国際化等を取り扱う他の部局・外郭団体等と意見交換や連携を行っている館は，外国語図書を 501 冊以上所蔵する館を母数とする割合で比較すると，高まっている。

　1998 年では 2 次調査で，2015 年調査では全図書館に対し，国際交流協会や国際化等を担当する他の部局や関係団体と意見交換や連携を行っているか聞いた。また，2015 年調査では，行っている場合の頻度を含めた選択肢となっていた。1998 年 2 次調査と母数の範囲を揃えるため，2015 年調査について外国語図書 501 冊以上を所蔵する館に絞って比較を行った。

　1998 年調査で連携があると回答した館は 53 館(16.1%)だったが，2015 年調査では年 1 回以上行っている館は 91 館(19.0%)，年 1 回未満行っている館は 31 館(6.5%)になっていた。年 1 回以上と年 1 回未満を合わせると，122 館(25.4%)が連携を行っていた。

（1998 年 2 次調査）　問 5：貴館では，貴自治体内で国際化等を取り扱う他の部局・外郭団体・民間団体等と定期的に意見を交換したり，経常的に協同事業を行ったり，在住外国人向けの宣伝チラシ・パンフレット〔を〕交換するなどの連携を行っていますか。　　　　　　　　　　(N=329)

表 27　他部局との連携(1998 年)

	N=329
連携がある	53(16.1%)
特に連携の事例はない	267(81.2%)
無回答	9(2.7%)

（2015 年調査）　第 1 部　問 7-4-1　貴館では，国際化等を担当する部局・外郭団体・民間団体等と意見交換や連携を行っていますか。　　　　　　　　　　(N=1182 全図書館)

表 28　他部局との連携(2015 年)

	N=1182
行っている（年 1 回以上）	110(9.3%)
行っている（年 1 回未満）	37(3.1%)
以前開催したが今は行っていない	38(3.2%)
行ったことはない	980(82.9%)
無回答	17(1.4%)

表 29　外国語図書 501 冊以上所蔵する館と他部局との連携のクロス集計(2015 年)

	N=480
行っている（年 1 回以上）	91(19.0%)
行っている（年 1 回未満）	31(6.5%)
今は行っていない	26(5.4%)
行ったことはない	329(68.5%)
無回答	3(0.6%)

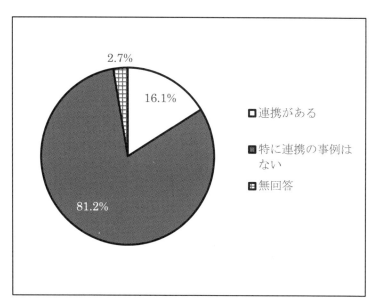

図 12 他部局との連携(1998 年)

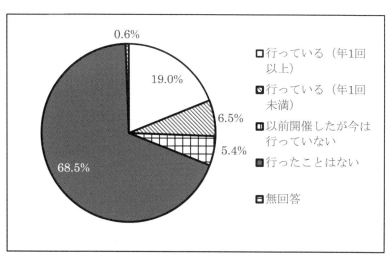

図 13 他部局との連携(2015 年)

3.2 調査から見えてきたこと

　今回の調査は 1998 年以来 17 年ぶりに実施された。この間在住外国人の数は，100 万人台から 200 万人台に増加し，かつ多国籍化が進んでいる。一方図書館の状況は，図書館数は増えたが正規職員の割合は下がっている。また図書館の電算化の進展やインターネットの普及など図書館業務も大幅に違ってきている。このように図書館をとりまく環境が著しく変化している中で，多文化サービスの進展は見られるのかどうか，いま公立図書館で，多文化サービスを実施するに当たっては，どのような課題があるのか探ろうとしたものであった。

　これまでの調査は，公立図書館全館宛てに，調査用紙の郵送と回答を返送してもらう形で行われたが，今回は，自治体の中心館宛てに依頼状と調査用紙を郵送することで周知を図り，日本図書館協会のホームページにアンケート項目を掲載し，そこにアクセスして直接入力し回答してもらう形を取った。この初めての試みに危惧はあったが，自治体別の回答率は 74％となり，ある程度信頼のおけるものになったと考えられる。

調査結果概観

　前回の調査時点より進展した部分もあるが，全体としては足踏み状態が続いている状況といえよう。

○進展がみられる部分

- ・多文化サービスの根拠となる業務指針があると回答した図書館は増加している。
- ・外国語によるカウンター対応ができる職員がいる館は増えている。
- ・外国語図書を所蔵する館は，おおむね増加傾向にある。

　1998 年調査と 2015 年調査の結果を比較すると，本文が外国語の図書を所蔵している割合は 72.3％から 90.2％に増えている。

- ・これまでの調査では質問項目にない Web を使った利用案内が発信されるようになった。情報通信技術の発展に伴い，紙媒体からデジタル化へさらに進展していくと思われる。
- ・インターネットで国内・国外の図書館の書誌データが公開されるようになり，各図書館でも目録の電算化が進んでいる。目録作成を業者に委託する図書館は多いが，国立国会図書館や国立情報学研究所の目録データも利用されている。
- ・多言語で作成される利用案内等は，英語が最も多いのは変わらないが，前回調査より全体として増加している。
- ・外国人のための「外国語でのおはなし会」などを実施している図書館が増加している。
- ・国際化等を取り扱う他の部局・外郭団体等と意見交換や連携を行っている館は，外国語図書 501 冊以上所蔵する館を母数とする割合で比較すると，高まっている。

○進展がみられない部分

- ・正規・非正規を問わず図書館サービスにかかわっている多様な文化的・言語的背景を持つ職員が配置されている館は，5％以下であまり変化してない。
- ・サービスの課題：同じような課題が挙がっている

　1998 年も 2015 年も，課題として挙げられた事項の 1，2 位は，「地域の外国人ニーズが不明」と

「カウンターの応対・利用案内作成などの際の職員の外国語対応能力が不足」であった。

1998年調査になかった選択肢「外国人に対して，図書館のPR不足」を，2015年調査で課題として挙げた館は520館(44.0%)で4位となっている。

・利用案内を多言語で作成している館の割合は多くなったものの，館内掲示については利用案内に比べると非常に少ない。

・在住外国人の図書館ニーズを調査するための懇談会や要望調査を行っている図書館はほとんどない。

集計作業の過程で

サービスエリアに外国人コミュニティがあるかどうかで，各館の取り組み方に違いがみられたので，報告書では，図書館全体あるいは自治体全体と，サービスエリアに外国人コミュニティがあると回答した図書館・自治体との比較を試みた。

サービスエリアに外国人コミュニティがあるか否かを尋ねた質問に，外国籍の人が多い地区（コミュニティ）があると回答している図書館は，153館（12.9%）である。人口3万人未満の自治体ではこの数は非常に少ない。一方「わからない」との回答が305館（25.8%）にも上った。そして，サービスエリアに外国人コミュニティがあると認識している図書館や自治体では，ほとんどの質問に対しての回答から，多文化サービスが進んでいる様子が伺えた。

全体的な傾向

・集計結果からみると，自治体の規模によって，多文化サービスの進展状況に大きな違いがみられた。全体的に，政令指定都市の各種数値は高い。

・多文化サービスに限らず，図書館が積極的にサービスを進めるために何かをするという姿勢が，一部を除いて不足しているのではないだろうか。

例えば，外国語資料を表記通りの文字列で検索できるのは，234自治体（23.3%）という数字であった。現在のパソコンの機能として多言語化は進んでいる。しかし利用者用端末にキーボードがなかったり，カナ入力しかできないという図書館も多い。職員の非正規化が進む中で厳しい側面はあるが，自治体全体のシステム更新の時などに，どれだけ図書館の意向を伝えられるか，図書館の理念をしっかり持ち，利用者の不便を解消する働きかけを期待したい。

自由記述の回答から

今回の調査では，「多文化サービスに関する意見・参考となる事例等」ほか，記述部分にいろいろなことを書き込んでくれた回答が多かった。それは，それぞれの地域で人員不足や業務量の多さに悩みながらも，なんとか多文化サービスに取り組んでいる，あるいは取り組みたいという熱意の表れであろう。その一例を上げておこう。

・資料組織化の課題が大きい（データ入力，マーク，フォーマット変換，言語区分の設定等）。

・地域社会での生活習慣の違いによるトラブル発生の予防等のため相談窓口の開設が必要と思われる。図書館においても自治体と連携し多言語の情報発信の充実が望まれる。

・委員会に対する要望

言語の知識がない司書でも多言語図書館ガイドが作成できるように，例文のフォーマットを作成して図書館協会のホームページに掲載したらよいと思う。需要が多い英語・中国語から始めてほしい。国際交流委員会と協力し，国内外の図書館や図書館員で，図書館案内の作成にボランティアで

協力してくれる方のリストを作成して，ホームページに連絡先を掲載してほしい。

今後の課題

・街へ出よう。他部局との連携をはかろう。

サービスエリアにNPO法人があるかどうか「わからない」と答えた自治体は3割を超える。地域の実情を知り，サービス対象を知ることから多文化サービスは始まる。自治体の国際交流関係セクションと連携し，NPOやエスニック・コミュニティと交流することから，隠れている要求を知ることになるかもしれない。図書館が整備されていない国や地域から来た人には，図書館が役に立つ存在であることを実感してもらうことで，地域社会にとけこむ要素にもなる。

・多様な文化的・言語的背景を持つ職員やスタッフとともにサービスを構築しよう。

この調査では，図書館サービスに関わる人の中に，正規職員・非正規職員・委託職員・ボランティア等立場は関係なく，多様な文化的・言語的背景を持つ人が館内にいるかを尋ねたが，「いる」と回答したのは31館（2.6％）に過ぎなかった。外国籍職員・スタッフの採用は多文化サービスを進展させるために重要なポイントである。

・図書館間の協力体制を整備しよう。

調査結果からは，目録作成の際の国立・県立・大学などのデータ活用が浮かび上がってきた。しかし，蔵書のバックアップ・サービスの実践例はあまりみられない。地域の公立図書館よりは外国語資料の蔵書数の多い，県立・国立・大学・専門図書館等との協力体制の整備や，「多文化サービス」のあり方等についての意見交換の場が望まれる。

・今回の調査では，日本における「先住民に対する図書館サービス」に関して，調査項目とすることができなかった。IFLAでは，2017年から「先住民問題に関する分科会」が発足することになった。日本における先住民と図書館利用についての取り組みは今後の課題である。

これからに向けて

2009年にIFLA（国際図書館連盟）から，『Multicultural Communities: Guidelines for Library Services 3rd edition, 2009』が発行された（邦訳『多文化コミュニティ－図書館サービスのためのガイドライン　第3版』2012）。また，2011年には「IFLA/UNESCO Multicultural Library Manifesto（邦訳「IFLA/UNESCO　多文化図書館宣言　多文化図書館－対話による文化的に多様な社会への懸け橋」2011）が採択されている。こうした基本的な文献により，「多文化サービス」は公立図書館にとって，必要なサービスであることを認識することができる。

「多文化サービス」とは，在住外国人に対するサービスの意味だけではなく，地域住民の相互理解を発展させるためのサービスである。この調査で報告された，実際に多文化サービスを実施している図書館からの実践例を参考に，「多文化サービス」に取り組もうとする図書館が増えることを期待したい。

2015年10月9日
公益社団法人 日本図書館協会
多文化サービス委員会

図書館長殿

図書館の多文化サービス実態調査について（依頼）

拝啓　時下ますますご清祥のこととお慶び申し上げます。

さて、日本図書館協会多文化サービス委員会では、公共図書館における多文化サービスの実態を把握するため調査を実施することとなりました。今回の調査は、1988年及び1998年に実施した「多文化サービス実態調査」に続く第3回目の全国調査となります。グローバル化が進む今日、多様な文化的・言語的背景を持つ住民にどのようなサービスを実施していくべきか、今後のサービス指針を作るための基礎資料とすることを目的としております。

なお、調査結果は、報告書として刊行するほか、日本図書館協会多文化サービス委員会のウェブサイトにも掲載する予定です。

ご多忙中まことに恐縮ですが、調査の趣旨をご理解いただき、ご協力をお願い申し上げます。

敬具

記

1. 調査対象：都道府県立及び区市町村立図書館（中央館及び分館）
   本調査依頼は、各自治体の中心館にのみお送りしています。館内に多文化サービスを実施している地域館がございましたら、該当の地域館からも回答をいただけるよう手配の上お取り計らいします。

2. 調査基準日：2015（平成27）年4月1日現在、あるいは2014（平成26）年度実績
   上記基準年月日はあくまでも目安です。公表できる最新の統計で回答していただいて構いません。

3. 回答締切：2015（平成27）年11月30日（月）

4. 回答方法：
   ①ウェブフォームに直接回答を入力してくださるようお願いいたします。
   日本図書館協会のホームページから回答用ウェブフォームへのリンクを設定しています。
   http://www.jla.or.jp/committees/tabunka/tabid/202/Default.aspx
   日本図書館協会　＞　委員会　＞　多文化サービス委員会
   ②ウェブフォームへの入力ができない場合は、メールで下記にお願いいたします。以下の宛先に FAX あるいは郵送でお送りください。

公益社団法人 日本図書館協会 多文化サービス委員会
〒104-0033　東京都中央区新川 1-11-14
FAX: 03-3523-0841

5. お送りした書類と同じもの、及び、本調査に関する Q&A を日本図書館協会の会のホームページに掲載してありますので、ご利用ください。

6. 本件に関するお問い合わせは、メールでお願いいたします。
   日本図書館協会へのお電話によるお問い合わせには対応することができません。どうぞよろしくお願いいたします。
   E-mail:jabunk@jla.or.jp

以上

①

2015年10月

多文化サービス実態調査

図書館識別番号 ___
（中央館のみご記入ください。宛名シールに書かれている番号です）
図書館名 ___
所在地 ___　（都道府県）　___（区市町村）
回答者氏名 ___
回答者連絡先　電話番号 ___　　FAX番号 ___
　　　　　　　Emailアドレス ___

* この調査は第1部と第2部があります。第2部は詳細調査となっています。
第1部の設問のあとに、「第2部の質問にお答えください」と書いてある質問については、第2部の質問にも回答をお願いいたします。

[多文化サービス実態調査　第1部]

【1　方針】

1-1　貴館には、多文化サービスの根拠となる業務指針（例：事務分掌規定、選書方針等）等がありますか。
□（1）ある　　□（2）ない　　□（3）わからない
業務指針等がある場合、その文書名をお書きください。（複数回答可）
文書名（　　　　　　　　　　　　　　　　　）

1-2　貴自治体には、多文化共生等の根拠となる基本方針・計画等がありますか。
（例：静岡県、京都市一「多文化共生推進基本条例」、京都市一「国際化推進プラン」）
□（1）ある　　□（2）ない　　□（3）わからない
基本方針・計画等がある場合、その文書名をお書きください。（複数回答可）
文書名（　　　　　　　　　　　　　　　　　）

【2　職員・ボランティアなど】

2-1　貴館には外国語資料の担当者等がいますか。
＊専任・兼任、正規職員・非正規職員を問いません。委託職員、ボランティア等も含めてお答えください。
□（1）いる　　□（2）いない
（1）にチェックした場合　第2部の質問　2-1にお答えください。

2-2　日本国籍を持たない方や日本語が母語でない方が図書館にいますか。
＊正規職員・非正規職員を問いません。委託職員、ボランティア等も含めてお答えください。
□（1）いる　　□（2）以前（最近5年前くらい）いたが今はいない
□（3）いない　　□（4）わからない

②

（1）にチェックした場合　第2部の質問2-2にお答えください。

2-3 外国語で簡単なカウンター対応ができる職員がいますか。
※貸出・返却などの定型的なやりとりができる範囲での対応で結構です。
※窓口に配属されていない職員も含めた館内の職員全員を対象としてください。

□（1）いる　対応できる言語にチェックしてください。（複数回答可）
□ a）英語　□ b）中国語　□ c）韓国・朝鮮語　□ d）スペイン語
□ e）ポルトガル語　□ f）その他の言語
（具体的言語名：　　　　　　　）

□（2）いない

【3 資料】

3-1 本文が外国語の図書を所蔵していますか。
※日本人のための外国語学習のための辞書や学習書などは除きます
※出版国にかかわらず、本文が外国語で書かれた図書があるかどうかでお答えください。

□（1）所蔵している　□（2）所蔵していない

（1）にチェックした場合、第2部の質問3-1にお答えください。

3-2 本文が外国語の新聞・雑誌を所蔵していますか。
※出版国にかかわらず、本文が外国語で書かれた新聞・雑誌があるかどうかでお答えください。

□（1）所蔵している　□（2）所蔵していない

（1）にチェックした場合、第2部の質問3-2にお答えください。

3-3 視聴覚資料の所蔵についてお尋ねします。
※視聴覚資料は、在住外国人にとっても、利用しやすい資料です。外国のミュージシャンの音楽CDや映画DVD・ビデオや音声や字幕付きのものなどは、その制作国や出身者にとっては応援資料ともなります。この設問では、「外国語資料」という枠を離れ、日本語の資料も含めてお答えください。
※個人利用を前提とした資料に限定し、上映会用の16mmフィルムなどは含みません。

□（1）所蔵している　□（2）所蔵していない

（1）にチェックした場合、第2部の質問3-3にお答えください。

【4 目録】　本文が外国語の資料を所蔵している館のみ、第2部の質問4にお答えください。

【5 検索】　本文が外国語の資料を所蔵している館のみ、第2部の質問5にお答えください。

【6 サービス、案内、対応】

6-1 外国語や、やさしい日本語で書かれた広報類（利用案内／登録申込書・リクエスト申込書／館内掲示／ウェブサイト等）がありますか。

□（1）ある　□（2）ない

（1）にチェックした場合　第2部の質問6-1にお答えください。

6-2 外国人のための日本語教室、外国語によるおはなし会などを、図書館や他の施設で実施していますか。

□（1）実施している　□（2）実施していない

（1）にチェックした場合　第2部の質問6-2にお答えください。

6-3 外国語で応対するためのマニュアルを作成していますか。
※正式に「マニュアル」と呼称していなくとも、「臨時休館のお知らせの指さしシート」などとも含みます。

□（1）作成している　□（2）作成していない

（1）にチェックした場合、何語のどんなマニュアルを作っているかお書きください。
（　　　　　　　　）

6-4 貴館のサービスエリアに、外国籍の人が多い地区（コミュニティ）がありますか。

□（1）ある　□（2）ない　□（3）わからない

（1）にチェックした場合、図書館で当該コミュニティ向けのサービスを提供していますか。
（例えば、多言語読み聞かせ、地域交流の場の提供など）

□（1）提供している　□（2）提供していない

（1）にチェックした場合、その内容をお書きください。
（具体的に：　　　　　　　　　　）

6-5 多文化サービスに関して、要望や問い合わせを受けたことがありますか。
（例えば、「日本語を学習するための教材はありますか？」等）

□（1）受けたことがある
□（2）受けたことがない
□（3）わからない

（1）にチェックした場合、第2部の質問6-5にお答えください。

⑤

6-6　在住外国人の図書館ニーズを把握するために、当事者との懇談会や要望調査等を行ったことがありますか（複数回答可）。
- □ (1) 図書館で主催したことがある
- □ (2) 自治体・外郭団体主催の懇談会・調査等に参加したことがある
- □ (3) 民間団体主催の懇談会・調査等に参加したことがある
- □ (4) 事例がない
- □ (5) わからない
- □ (6) その他（　　　　　　）

6-7　在住外国人への図書館サービスについて、貴館で、下記に該当する点がありましたら、チェックしてください（複数回答可）。
- □ (1) 資料費がない・少ない
- □ (2) 外国語資料の購入ルートの確認・確保が困難
- □ (3) 外国語図書の選書・発注が困難
- □ (4) 外国語資料の整理が困難
- □ (5) 予算内でできない外国語（文字）がある
- □ (6) カウンター応対・利用案内作成などの際の職員の外国語対応能力が不足している
- □ (7) 地域の外国人のニーズが不明
- □ (8) 外国人に対して、図書館のPRが不足している
- □ (9) 図書館に来る外国人は日本語の資料で満足しているようだ
- □ (10) 地域に外国人は住んでいない
- □ (11) 外国人は図書館に来ない
- □ (12) その他（具体的に　　　　　）

6-8　貴館には利用者がインターネット情報を閲覧する端末はありますか。
- □ (1) ある（　　　台）　□ (2) ない

【7　他部局との連携】

7-1　貴自治体には、国際化を担当している単独の部署がありますか。
- □ (1) ある　□ (2) ない　□ (3) わからない

7-2　貴自治体には、すべての国や地域を対象とした（例えば日中友好協会のような国を特定するものを除く）国際交流協会がありますか。
- □ (1) ある　□ (2) ない　□ (3) わからない

7-3　貴自治体内に事務所を設置している、国際化等を主な活動内容とするNPO法人（国や地域を特定するものも含む）がありますか。ただし7-2に該当する団体は除きます
- □ (1) ある　□ (2) ない　□ (3) わからない

⑥

7-4-1　貴館では、上記7-1～3のような国際化等を担当する部局・外郭団体・民間団体等と意見交換や連携を行っていますか。
- □ (1) 行っている（年1回以上）
  - □ (1) 行っている（年1回以上）
  - □ (2) 行っている（年1回未満）
  - □ (3) 以前開催したが今は行っていない
  - □ (4) 行ったことはない

(1) または (2) にチェックした場合以下の質問にお答えください。（複数回答可）

7-4-2　どのようなことを行っていますか。（複数回答可）
- □ (1) 意見交換
- □ (2) 案内パンフ・チラシ等の交換
- □ (3) 共同事業　その他
  - （具体的に：　　　　　）

7-5　貴自治体では、在住外国人のための「母語による生活情報ガイド」を発行していますか。
- □ (1) 発行している　□ (2) 発行していない　□ (3) わからない

(1) にチェックした場合　第2部の質問7-5にお答えください。

7-6　貴自治体では、上記「母語による生活情報ガイド」以外に、在住外国人のためのなんらかの「案内」を発行していますか。（例えば、英語版防災マップ、学校案内など）
- □ (1) 発行している　□ (2) 発行していない　□ (3) わからない

(1) にチェックした場合、その発行物と言語名をお書きください。
（　　　　　　　　　　　　　　　　）

【8　その他】　多文化サービスに関してご意見や参考となる事例等ありましたらお書きください。
（　　　　　　　　　　　　　　　　）

ご協力ありがとうございました。　設問2～7については第2部もあります。
該当の方は第2部にお進みください。

多文化サービス実態調査　第2部

<詳細質問>

【第2部　2職員・ボランティアなど】

【2-1】外国語資料の担当者等がいる場合、その人数についてお答えください。

(1) 正職員　　名　　(2) 非正規 (アルバイト等)　　名
(3) 委託スタッフ　　名　　(4) ボランティア　　名

【2-2-1】日本国籍を持たない方や日本語が母語でない方が図書館にいる場合、その人数についてお答えください。

(1) 正職員　　名　　(2) 非正規 (アルバイト等)　　名
(3) 委託スタッフ　　名　　(4) ボランティア　　名

【2-2-2】日本国籍を持たない方や日本語が母語でない方が図書館にいる場合、担当している業務をチェックしてください。(複数回答可)

□ (1) 選書・整理業務
□ (2) 利用案内等の作成
□ (3) ホームページなどの作成
□ (4) カウンター業務
□ (5) おはなし会などの児童サービス
□ (6) その他　（具体的に　　　　　）

【第2部　3資料　1図書】

【3-1】貴館で所蔵している外国語図書を所蔵している場合、以下の質問にお答えください。
＊日本人の外国語学習のための辞書や語学学習などは除きます。

【3-1-1】貴館で所蔵している外国語図書の冊数をお答えください。(複数回答可)
＊概数で結構です。

（約）　　　　冊
うち児童書　　　　冊

【3-1-2】どんな言語の図書を所蔵していますか。(複数回答可)
＊10冊以上所蔵している言語名を記入してください。

a) 英語　　　　　　□一般書　□児童書
b) 中国語　　　　　□一般書　□児童書
c) 韓国・朝鮮語　　□一般書　□児童書
d) スペイン語　　　□一般書　□児童書
e) ポルトガル語　　□一般書　□児童書

f) ドイツ語　　　　□一般書　□児童書
g) フランス語　　　□一般書　□児童書
h) 上記以外の言語　□一般書　□児童書
　（具体的言語名　　　　　　　　　）

【3-1-3】外国語図書の所蔵の多い分野は何ですか。(複数回答可)

<一般書>
□ a) 日本語学習教材 (図書・CD等含む)
□ b) 自国語 (母語) 学習
□ c) 地域の生活情報
□ d) 実用書 (料理・趣味など)
□ e) 小説・随筆 (日本語以外が原作)
□ f) 小説・随筆 (日本語原作の翻訳)
□ g) 日本文化・歴史の紹介
□ h) その他（具体的に　　　　　）
<児童書>
□ i) 絵本
□ j) 童話
□ k) 昔話
□ l) 日本語学習
□ m) 自国語 (母語) 学習
□ n) その他（具体的に　　　　　）

【3-1-4】外国語図書で、よく利用される分野は何ですか。(複数回答可)

<一般書>
□ a) 日本語学習教材 (図書・CD等含む)
□ b) 自国語 (母語) 学習
□ c) 地域の生活情報
□ d) 実用書 (料理・趣味など)
□ e) 小説・随筆 (日本語以外が原作)
□ f) 小説・随筆 (日本語原作の翻訳)
□ g) 日本文化・歴史の紹介
□ h) その他（具体的に　　　　　）
<児童書>
□ i) 絵本
□ j) 童話
□ k) 昔話
□ l) 日本語学習
□ m) 自国語 (母語) 学習
□ n) その他（具体的に　　　　　）

【3-1-5】2012 (平成24) 年度以降、外国語図書を購入しましたか。
＊冊数については、概数：約100冊などでも結構です。

2012 (平成24) 年度　□(1) 購入した　（　　冊）　□(2) 購入実績なし
2013 (平成25) 年度　□(1) 購入した　（　　冊）　□(2) 購入実績なし
2014 (平成26) 年度　□(1) 購入した　（　　冊）　□(2) 購入実績なし

【3-1-6】外国語図書の収集開始時期についてお答えください。

□ a) 1980年以前
□ b) 1981年～2000年の間
□ c) 2001年以降
□ d) わからない

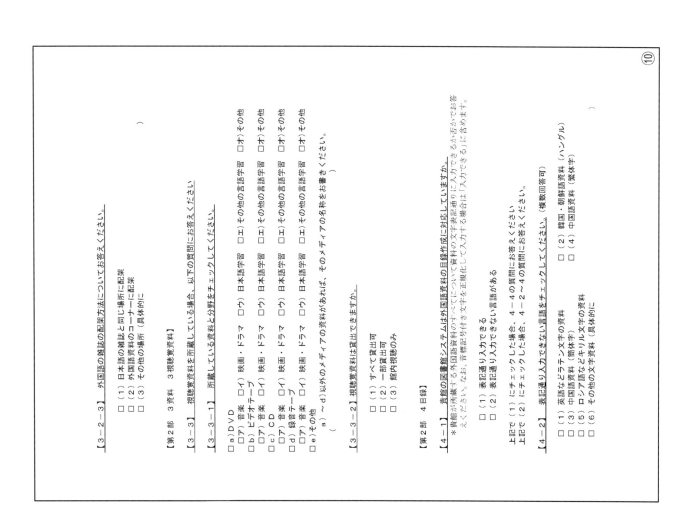

【4-3】貴館の「館内OPAC」で表記通り入力できない言語資料についてはどのように処理していますか。(複数回答可)

1. コンピュータに入力する
□ (1) 翻字して入力 (ピンインもここに含む)
□ (2) 日本語に翻訳して入力 (原書読みのカナ表記も含む)
□ (3) 「○○語図書△番」などの形で入力
□ (4) その他 (具体的に　　　　　　　)

2. コンピュータ以外の方法で処理する
□ (1) カード目録で管理
□ (2) 表記通りで管理
□ (3) 受入れリストで管理
□ (4) その他 (具体的に　　　　　　　)

【4-4】外国語資料の目録作成にあたり、外部データを、参照・利用していますか。
□ (1) 参照・利用している　　□ (2) 参照・利用していない

(1)にチェックした場合、参照・利用している外部データをお答えください。(複数回答可)
□ (1) 国立国会図書館の目録データ
□ (2) 国立情報学研究所の目録データ (NACSIS-CAT)
□ (3) 市販MARC等 (業者・納入書店作成の電子データも含む)
□ (4) 業者・書店作成の目録記述 (カード等) を利用
□ (5) その他 (具体的に　　　　　　　)

【第2部 5 検索】

【5-1】貴館の「館内OPAC」所蔵検索についてお尋ねします。
貴館の「館内OPAC」で、外国語資料の検索ができますか。
※音標記号付き文字を正規化して検索できる場合も含めます。
□ (1) すべての外国語文字列が、表記通りに検索できる資料がある
□ (2) 表記通りの文字列で検索できない資料がある

(1)にチェックした場合、5-4～6の質問にお答えください。
(2)にチェックした場合、5-2～6の質問にお答えください。

【5-2】表記通りの文字列から検索できない資料をお答えください。(複数回答可)
□ (1) 英語以外のラテン文字の資料　　□ (2) 韓国・朝鮮語資料 (ハングル)
□ (3) 中国語資料 (簡体字)　　□ (4) 中国語資料 (繁体字)
□ (5) ロシア語などキリル文字の資料
□ (6) その他の文字資料 (具体的に　　　　　　　)

【5-3】表記通りの文字列から検索できない資料の検索手段についてお答えください。(複数回答可)
□ (1) 翻字・日本語翻訳などの形でコンピュータ検索できる
□ (2) 冊子体リストで検索できる (累積版、新規購入、新規版、受入れリストごとの受入れリストを含む)
□ (3) カード目録で検索できる
□ (4) 表記通りコピーで検索できる
□ (5) その他 (具体的に　　　　　　　)

【5-4】貴館の「館内OPAC」の検索画面では、日本語以外の言語で操作説明が表示されますか。
□ (1) 日本語のみ
□ (2) 日本語以外の操作説明がある

(2)にチェックした場合、該当する言語にチェックしてください。(複数回答可)
□ (1) 英語　　□ (2) 韓国・朝鮮語 (ハングル)
□ (3) 中国語 (簡体字)　　□ (4) 中国語 (繁体字)
□ (5) その他 (具体的に　　　　　　　)

【5-5】 ＊図書館によって、図書館外に公開している「Web OPAC」と、図書館内での み利用できる「館内OPAC」とに違いがある場合があります。この設問では、図書館外 に公開している「Web OPAC」についてお尋ねします。

「Web OPAC」で、外国語資料の検索ができますか。
＊例えば、ホームページから所蔵検索をする時など
＊音標記号付き文字を正規化して検索できる場合も含めます

□ (1) すべての外国語資料が、表記通りの文字列で検索できる
□ (2) 表記通りの文字列で検索できない資料がある

【5-6】「Web OPAC」と「館内OPAC」とに違いはありますか。
□ (1) ある　　□ (2) ない

(1)にチェックした場合、具体的な違いをお書きください。
(　　　　　　　　　　)

【第2部 6 サービス、案内、対応】

【6-1】外国語や、やさしい日本語で書かれた利用案内を作成している場合、作成している言語 をチェックしてください。(複数回答可)
＊外国語と日本語を併記しているものも含みます

ア) 利用案内
□ a) やさしい日本語 (含むふりがなつき)　□ b) 英語　　□ c) 中国語　□ d) 韓国・朝鮮語
□ e) スペイン語　　□ f) ポルトガル語　　□ g) その他の言語 (　　　)

イ) 登録申込書・リクエスト申込書
□ a) やさしい日本語 (含むふりがなつき)　□ b) 英語　　□ c) 中国語　□ d) 韓国・朝鮮語
□ e) スペイン語　　□ f) ポルトガル語　　□ g) その他の言語 (　　　)

ウ) 館内掲示
□ a) やさしい日本語 (含むふりがなつき)　□ b) 英語　　□ c) 中国語　□ d) 韓国・朝鮮語
□ e) スペイン語　　□ f) ポルトガル語　　□ g) その他の言語 (　　　)

エ) ウェブサイト
□ a) やさしい日本語 (含むふりがなつき)　□ b) 英語　　□ c) 中国語　□ d) 韓国・朝鮮語
□ e) スペイン語　　□ f) ポルトガル語　　□ g) その他の言語 (　　　)

オ）ほかに、上記項目以外に作成しているものがあれば具体的にお書きください。
（　　　　　　　　　　）

【6－2】外国人のための日本語教室、外国語によるおはなし会などをおこなっている場合、実施している事業についてお答えください。
（複数回答可）

a）おはなし会
□（ア）図書館内で実施（図書館主催）　　□（イ）図書館内で実施（図書館と他との共催）
□（ウ）図書館内で実施（図書館は会場提供のみ）
□（エ）図書館外で実施（図書館主催）　　□（オ）図書館外で実施（図書館と他との共催）
□（カ）図書館は関係していない

b）日本語教室
□（ア）図書館内で実施（図書館主催）　　□（イ）図書館内で実施（図書館と他との共催）
□（ウ）図書館内で実施（図書館は会場提供のみ）
□（エ）図書館外で実施（図書館主催）　　□（オ）図書館外で実施（図書館と他との共催）
□（カ）図書館は関係していない

c）その他の催し
（具体的に　　　　　　　　　　）
□（ア）図書館内で実施（図書館主催）　　□（イ）図書館内で実施（図書館と他との共催）
□（ウ）図書館内で実施（図書館は会場提供のみ）
□（エ）図書館外で実施（図書館主催）　　□（オ）図書館外で実施（図書館と他との共催）
□（カ）図書館は関係していない

【6－5】多文化サービスに関して、要望や問い合わせを受けたことがある場合、以下の質問にお答えください。

【6－5－1】どんな方法で受けましたか。（複数回答可）
□（1）対面で受けた　□（2）電話で受けた　□（3）手紙で受けた
□（4）ホームページ、メールで受けた
□（5）その他（具体的に　　　　　　　　　　）

【6－5－2】どのような内容の要望や問い合わせがありましたか。差し支えない範囲で結構ですのでお書きください。
（　　　　　　　　　　）

【第2部　7他部局との連携】

【7－5】貴自治体で発行している在住外国人のための「母語による生活情報ガイド」についてお尋ねします。

【7－5－1】在住外国人のための「母語による生活情報ガイド」はどのような形で発行していますか。
（複数回答可）
□（1）冊子で発行している
□（2）Webで「生活ガイド」を配信している
□（3）その他（具体的に　　　　　　　　　　）

【7－5－2】在住外国人向けの「母語による生活情報ガイド（やさしい日本語を含む）」について、発行している言語をチェックしてください。
（複数回答可）
□（1）やさしい日本語
□（2）英語
□（3）中国語
□（4）韓国・朝鮮語
□（5）スペイン語
□（6）ポルトガル語
□（7）その他の言語（　　　　　　　　　　）

【7－5－3】発行している「生活情報ガイド」の中に図書館についての記述・紹介はありますか。
□（1）ある
□（2）ない
□（3）わからない

＜以上でアンケートは終了です。たくさんの質問へのご協力ありがとうございました。＞

第 II 部　留学生等への図書館サービス

第II部　留学生等への図書館サービス

目次

1．調査の概要と回収結果
    1.1　調査の概要 ……………………………………………………… 117
    1.2　回収結果と回収率 …………………………………………… 117
    1.3　注記 ……………………………………………………………… 120
    1.4　集計のためのデータの加工 ……………………………… 120

2．集計結果
    2.1　サービス対象者数 …………………………………………… 121
    2.2　業務指針 ………………………………………………………… 126
    2.3　他部局との連携 ……………………………………………… 129
    2.4　資料 ……………………………………………………………… 132
    2.5　目録 ……………………………………………………………… 144
    2.6　検索 ……………………………………………………………… 146
    2.7　日本語以外の言語による情報提供 …………………… 147
    2.8　利用支援 ………………………………………………………… 157
    2.9　対応マニュアル等 …………………………………………… 160
    2.10　職員 …………………………………………………………… 164
    2.11　語学研修 ……………………………………………………… 167
    2.12　要望調査 ……………………………………………………… 169
    2.13　情報源 ………………………………………………………… 175
    2.14　課題 …………………………………………………………… 178
    2.15　特徴的なサービス ………………………………………… 186
    2.16　その他 ………………………………………………………… 187

3．調査結果の分析 …………………………………………………… 194

4．質問票 ……………………………………………………………… 220

１．調査の概要と回収結果（留学生等への図書館サービス）

1.1 調査の概要
・調査目的：前回調査からサービスの進展がみられるかどうか，また，留学生等への図書館
　　　　　　サービスに関して，どのような課題があるかなどを調査の目的とした。
・調査対象：大学・短期大学・高等専門学校等の図書館
・調査方法：大学・短期大学・高等専門学校等の図書館にアンケート用紙を郵送
　　　　　　国公私立大学図書館の協議会等を通じて周知依頼
・回答方法：Web 入力（メール，FAX，郵送されてきたものも受け付けた）
・調査期間：2015 年 7 月 10 日から 8 月 31 日（ただし，入力期限を 9 月 21 日まで延長）

1.2 回収結果と回収率
・回収結果：合計 956（大学 794，短期大学 106，高等専門学校 48，その他 8（株式会社立，
　　　　　　特別な学校法人，大学共同利用機関，省庁の大学校））

大学

	中央館	分館等	計
国立	86	111	197
公立	66	18	84
私立	444	69	513
計	596	198	794

学校数	回収率
86	100.0%
89	74.2%
604	73.5%
779	76.5%

短期大学

	中央館	分館等	計
国立	—	—	—
公立	8		8
私立	93	5	98
計	101	5	106

学校数	回収率
—	—
18	44.4%
328	28.4%
346	29.2%

高等専門学校

	中央館	分館等	計
国立	43	1	44
公立	1	1	2
私立	2		2
計	46	2	48

学校数	回収率
51	84.3%
3	33.3%
3	66.7%
57	80.7%

「学校数」は，『学校基本調査 2015』（政府統計の総合窓口）による。
　回収率は「中央館」の回答数から計算した。

前回の調査から大学数，大学図書館数は大きく変化している。調査の回収率も異なっているので，前回の調査結果と今回の調査結果とを比較する場合には注意が必要である。

　本調査は，大学・短期大学・高等専門学校を対象としておこなった。専修学校・準備教育課程・日本語教育機関は対象としていない。「留学生」等への図書館サービスの一部しか把握できていないことに注意する必要がある。

大学数の変化

	1998	2015	前回比
国立大学	99	86	86.9%
公立大学	61	89	145.9%
私立大学	444	604	136.0%
計	604	779	129.0%

大学図書館数等の変化　　『日本の図書館　統計と名簿』による

2015 年調査	国立	公立	私立	大学計	短大	高専
館数	290	124	1,009	1,423	193	61
本館	86	84	595	765	191	56
分館・分室	204	40	414	658	2	5

1998 年調査	国立	公立	私立	大学計	短大	高専
館数	301	89	768	1,158	419	61
本館	98	58	435	591	403	61
分館・分室	203	31	333	567	16	0

前回比	国立	公立	私立	大学計	短大	高専
館数	96%	139%	131%	123%	46%	100%
本館	88%	145%	137%	129%	47%	92%
分館・分室	100%	129%	124%	116%	13%	―

回答館数（中央館＋分館）

	1998	2015	前回比
国立大学	254	197	77.6%
公立大学	76	84	110.5%
私立大学	604	513	84.9%
計	934	794	85.0%

回収率（中央館＋分館）2015 調査

	回答館数	調査対象※	回収率
国立大学	197	290	67.9%
公立大学	84	124	67.7%
私立大学	513	1,009	50.8%
短期大学	106	193	54.9%
高専	48	61	78.7%
その他	8	―	―
計	956	1,677	57.0%

※中央館・分館・分室の合計

学生数の変化

	1998	2015	前回比
国立	617,348	610,802	98.9%
公立	95,976	148,766	155.0%
私立	1,954,762	2,100,642	107.5%
計（大学院生を含む）	2,668,086	2,860,210	107.2%
うち学部学生	2,428,269	2,556,062	105.3%

在学段階別・国公私立別留学生数（平成 27 年 5 月 1 日現在）※

	国立	公立	私立	計
大学院	25,532	1,812	14,052	41,396
大学（学部）	11,024	1,737	54,711	67,472
短期大学	0	13	1,401	1,414
高等専門学校	460	0	59	519
専修学校（専門課程）	0	6	38,648	38,654
準備教育課程	0	0	2,607	2,607
日本語教育機関	0	0	56,317	56,317
計	37,016	3,568	167,795	208,379

※（独）日本学生支援機構『平成 27 年度外国人留学生在籍状況調査結果』（平成 28 年 3
月）のデータを加工した。ここでいう「留学生」とは，「留学」の在留資格（いわゆる
「留学ビザ」）により，教育を受ける外国人学生をいう。「準備教育課程」とは，中等
教育の課程の修了までに 12 年を要しない国の学生に対し，我が国の大学入学資格を与
えるために文部科学大臣が指定した課程をいう。

　「出入国管理及び難民認定法」の改正（平成 21 年 7 月 15 日公布）により，平成 22
年 7 月 1 日付けで在留資格「留学」「就学」が一本化されたことに伴い，専修学校，各種
学校，日本語教育機関に在籍の外国人（旧在留資格「就学」）も「留学生」の枠に入り，
留学生総数が急増している。

1.3 注 記

今回の調査結果を前回(1998年)の調査結果と比較する場合には，次の点に留意する必要がある。

・1998年調査と2015年調査では，質問内容の表記，質問方法に違いがある。

・1998年調査の結果報告では，中央館と分館の区別がされていない。

・1998年調査は，日本図書館協会が毎年おこなう調査の付帯調査としておこなわれているため回収率が高い（1,345/1,659=81.1%）。2015年調査は，付帯調査としてではなく，単独でおこなわれているため，付帯調査と比べると回収率が低くなっている。

1.4 集計のためのデータの加工

次のとおり回答されたデータを加工した。

・大学院大学は，「大学」として集計した。

・短期大学・大学併設校は，「大学」として集計した。

・設置主体別（国立・公立・私立）の「その他」とは，株式会社立及び特別な学校法人（放送大学）である。

・学校の種類別（大学・短期大学・高専）の「その他」とは，大学共同利用機関，省庁の大学校である。

・明らかに間違いと思われる回答は，集計していない（高専の回答に大学院生数が入力されている等）。

・「20～30」といった幅のある回答は，中間値である「25」等とした。

・「冊数不明」といった回答は，「0」とした。

・記述式で「特になし」といった回答は，回答数に計上していない。

・割合の算出は，原則として小数第2位を四捨五入し，小数第1位までを表記した。

・記述式回答に複数の内容が含まれていた場合は，複数に分割して集計した。このため回答館数と回答数の合計とがあわない場合がある。

・原則として「2.集計結果」及び「3.調査結果の分析」内の各項目において無回答の図書館は，集計に含まれていない。そのため，母数(N)を全回答数ではなく有効回答数としている場合がある。また，集計結果の合計が一致しない場合がある。

・3-2-1の回答（他部局との連携先）は，同じ業務内容を扱う場合であっても，大学によって「学務課」「学生課」「教務センター」「教務部」など組織名称が異なる場合があるので，内容で分類した。

・4-3 で，留学生のための資料を「収集していない」館が，留学生のための蔵書冊数を「30,000」冊などと回答していた場合は，蔵書冊数を0冊に修正した。

・4-3-6（留学生用資料の蔵書冊数の「その他」）の回答は，その他の内容と冊数とを分離して集計した。

２．集計結果（留学生等への図書館サービス）

2.1 サービス対象者数

（サービス対象者数）（※中央館のみ回答）問１　大学全体の留学生・外国人研究者数を大学概要等の最新の統計に基づいて回答してください。　　　　　　　（N=751）

回答数

		国立	公立	私立	その他	計
中央館	大学	86	66	444	3	599
	短大		8	93		101
	高専	43	1	2		46
	その他	5				5
小計		134	75	539	3	751
中央館以外	大学	111	18	69		198
	短大			5		5
	高専	1	1			2
小計		112	19	74	0	205
計		246	94	613	3	956

学部学生数（中央館のみ回答）

		国立	公立	私立	その他	計
中央館	大学	452,240	130,955	1,614,364	83,154	2,280,713
	短大		3,954	49,619		53,573
	高専	42,148	1,595	1,651		45,394
	その他	1,028				1,028
計		495,416	136,504	1,665,634	83,154	2,380,708

大学院生数（中央館のみ回答）

		国立	公立	私立	その他	計
中央館	大学	148,718	14,530	67,327	5,834	236,409
	短大					0
	高専					0
	その他	100				100
計		148,818	14,530	67,327	5,834	236,509

学部留学生数の回答があった校数（中央館のみ回答）

		国立	公立	私立	その他	計
中央館	大学	86	65	440	3	594
	短大		8	92		100
	高専	43	1	2		46
	その他	5				5
計		134	74	534	3	745

学部留学生数（中央館のみ回答）

		国立	公立	私立	その他	計
中央館	大学	6,331	1,281	32,799	362	40,773
	短大		1	633		634
	高専	337				337
	その他					0
計		6,668	1,282	33,432	362	41,744

学部留学生数（平均）

		国立	公立	私立	その他	回答館平均
中央館	大学	74	20	75	121	69
	短大			7		6
	高専	8				7
	その他					0
回答館平均		50	17	63	121	56

学部留学生数

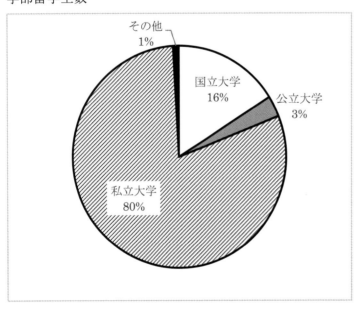

大学院留学生数の回答があった校数（中央館のみ回答）

		国立	公立	私立	その他	計
中央館	大学	85	66	433	3	587
	短大					0
	高専					0
	その他	5				5
計		90	66	433	3	592

大学院留学生数（中央館のみ回答）

		国立	公立	私立	その他	計
中央館	大学	21,847	1,405	10,678	94	34,024
	短大					0
	高専					0
	その他	18				18
計		21,865	1,405	10,678	94	34,042

大学院留学生数（平均）

		国立	公立	私立	その他	回答館平均
中央館	大学	257	21	25	31	58
	短大					0
	高専					0
	その他	4				4
回答館平均		243	21	25	31	58

大学院留学生数

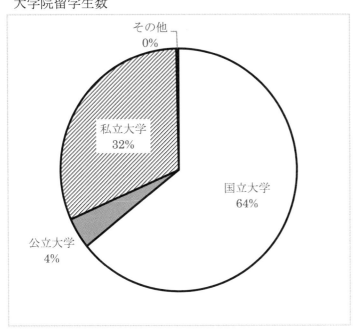

短期留学生数の回答があった校数（中央館のみ回答）

		国立	公立	私立	その他	計
中央館	大学	85	66	433	3	587
	短大		8	88		96
	高専	41	1	1		43
	その他	5				5
計		131	75	522	3	731

短期留学生数（中央館のみ回答）

		国立	公立	私立	その他	計
中央館	大学	8,638	810	6,948	1	16,397
	短大		8	51		59
	高専	155				155
	その他	5				5
計		8,798	818	6,999	1	16,616

短期留学生数（平均）

		国立	公立	私立	その他	回答館平均
中央館	大学	102	12	16	0	28
	短大		1	1		1
	高専	4				4
	その他	1				1
回答館平均		67	11	13	0	23

短期留学生数

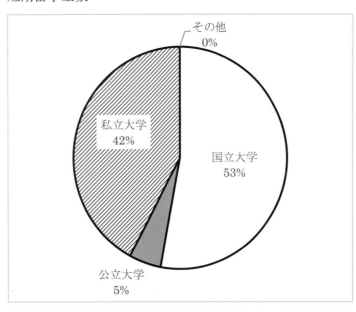

外国籍教員・研究者数の回答があった校数（中央館のみ回答）

		国立	公立	私立	その他	計
中央館	大学	85	64	437	3	589
	短大		8	89		97
	高専	42	1	2		45
	その他	5				5
計		132	73	528	3	736

外国籍教員数（中央館のみ回答）

		国立	公立	私立	その他	計
中央館	大学	5,817	580	6,005	8	12,410
	短大		13	96		109
	高専	63	1	6		70
	その他	77				77
計		5,957	594	6,107	8	12,666

外国籍教員数（平均）

		国立	公立	私立	その他	回答館平均
中央館	大学	68	9	14	3	21
	短大		2	1		1
	高専	2	1	3		2
	その他	15				15
回答館平均		45	8	12	3	17

外国籍教員数

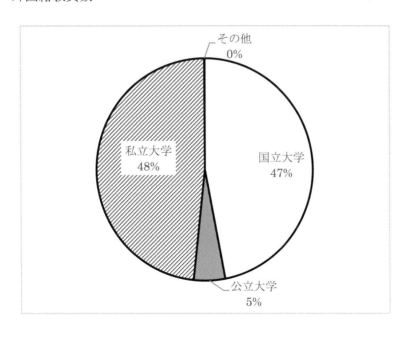

2.2 業務指針

> （業務指針）問2
> 1）留学生等へのサービスの根拠となる業務指針等がありますか。
> 2）「ある」場合，どのようなものがありますか（複数回答可）。　　　（N=948）

2-1 業務指針

<table>
<tr><th colspan="2"></th><th colspan="3">国立</th><th colspan="3">公立</th><th colspan="3">私立</th><th colspan="3">その他</th><th>計</th></tr>
<tr><th colspan="2"></th><th>ある</th><th>ない</th><th>小計</th><th>ある</th><th>ない</th><th>小計</th><th>ある</th><th>ない</th><th>小計</th><th>ある</th><th>ない</th><th>小計</th><th></th></tr>
<tr><td rowspan="4">中央館</td><td>大学</td><td>7</td><td>78</td><td>85</td><td>4</td><td>61</td><td>65</td><td>17</td><td>424</td><td>441</td><td></td><td>3</td><td>3</td><td>594</td></tr>
<tr><td>短大</td><td></td><td></td><td>0</td><td></td><td>8</td><td>8</td><td>1</td><td>92</td><td>93</td><td></td><td></td><td>0</td><td>101</td></tr>
<tr><td>高専</td><td>3</td><td>40</td><td>43</td><td></td><td>1</td><td>1</td><td></td><td>2</td><td>2</td><td></td><td></td><td>0</td><td>46</td></tr>
<tr><td>その他</td><td></td><td>5</td><td>5</td><td></td><td></td><td>0</td><td></td><td></td><td>0</td><td></td><td></td><td>0</td><td>5</td></tr>
<tr><td colspan="2">小計</td><td>10</td><td>123</td><td>133</td><td>4</td><td>70</td><td>74</td><td>18</td><td>518</td><td>536</td><td></td><td>3</td><td>3</td><td>746</td></tr>
<tr><td rowspan="3">中央館以外</td><td>大学</td><td>14</td><td>95</td><td>109</td><td>2</td><td>16</td><td>18</td><td>5</td><td>63</td><td>68</td><td></td><td></td><td>0</td><td>195</td></tr>
<tr><td>短大</td><td></td><td></td><td>0</td><td></td><td></td><td>0</td><td></td><td>5</td><td>5</td><td></td><td></td><td>0</td><td>5</td></tr>
<tr><td>高専</td><td></td><td>1</td><td>1</td><td></td><td>1</td><td>1</td><td></td><td></td><td>0</td><td></td><td></td><td>0</td><td>2</td></tr>
<tr><td colspan="2">小計</td><td>14</td><td>96</td><td>110</td><td>2</td><td>17</td><td>19</td><td>5</td><td>68</td><td>73</td><td>0</td><td>0</td><td>0</td><td>202</td></tr>
<tr><td colspan="2">計</td><td>24</td><td>219</td><td>243</td><td>6</td><td>87</td><td>93</td><td>23</td><td>586</td><td>609</td><td>0</td><td>3</td><td>3</td><td>948</td></tr>
</table>

業務指針の有無（国立大学・公立大学・私立大学の中央館）

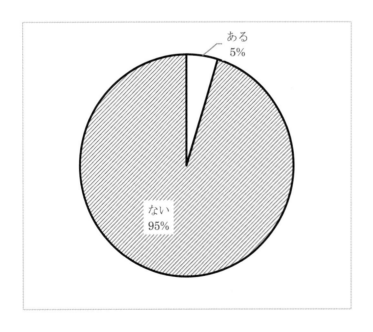

2-2-1 事務分掌規程

		国立	公立	私立	その他	計
中央館	大学		1	2		3
	短大			1		1
	高専	2				2
	その他					0
小計		2	1	3	0	6
中央館以外	大学					0
	短大					0
	高専					0
小計		0	0	0	0	0
計		2	1	3	0	6

2-2-2 選書方針

		国立	公立	私立	その他	計
中央館	大学	4	1	7		12
	短大					0
	高専					0
	その他					0
小計		4	1	7	0	12
中央館以外	大学	2		2		4
	短大					0
	高専					0
小計		2	0	2	0	4
計		6	1	9	0	16

2-2-3 利用規程

		国立	公立	私立	その他	計
中央館	大学	2	3	11		16
	短大					0
	高専	1				1
	その他					0
小計		3	3	11	0	17
中央館以外	大学	12	1	4		17
	短大					0
	高専					0
小計		12	1	4	0	17
計		15	4	15	0	34

2-2-4 業務マニュアル

		国立	公立	私立	その他	計
中央館	大学	1	1	6		8
	短大					0
	高専					0
	その他					0
小計		1	1	6	0	8
中央館以外	大学	1		2		3
	短大					0
	高専					0
小計		1	0	2	0	3
計		2	1	8	0	11

2-2-5 その他

		国立	公立	私立	その他	計
中央館	大学		1	2		3
	短大					0
	高専					0
	その他					0
小計		0	1	2	0	3
中央館以外	大学	1	1	1		3
	短大					0
	高専					0
小計		1	1	1	0	3
計		1	2	3	0	6

2-2-5 その他
・（3）利用規程，と回答したが，『留学生限定』の規程ではなく，全ての利用者に対して同一の条件でサービスをしている。
・学則，委託生及び外国人学生に関する規程。
・図書館オリエンテーション（図書館の利用案内等を，先生の立会いの下行う）。
・平成 26 年度第 6 回図書・研究委員会承認事項（2014 年 10 月 17 日）。
・留学生ガイダンスの為の業務マニュアル。
・留学生に特化した規程はないが，利用者として同等に扱っている。

2.3 他部局との連携

> （他部局との連携）問3
> 1）留学生等へのサービスに関して，他部局等と協議・協力することがありますか。
> 2）「ある」場合，どれぐらいの頻度でおこなっていますか。また，協力事例として具体的なものがありましたら，最近2年間の間におこなっていることをお答えください。
>
> (N=948)

3-1 他部局連携

		国立 ある	国立 ない	国立 小計	公立 ある	公立 ない	公立 小計	私立 ある	私立 ない	私立 小計	その他 ある	その他 ない	その他 小計	計
中央館	大学	53	33	86	14	50	64	132	309	441	1	2	3	594
	短大			0		8	8	9	83	92			0	100
	高専	12	31	43		1	1	1	1	2			0	46
	その他	1	4	5			0			0			0	5
小計		66	68	134	14	59	73	142	393	535	1	2	3	745
中央館以外	大学	28	82	110		18	18	24	44	68			0	196
	短大			0			0		5	5			0	5
	高専		1	1		1	1			0			0	2
小計		28	83	111		19	19	24	49	73	0	0	0	203
計		94	151	245	14	78	92	166	442	608	1	2	3	948

他部局との連携（国立大学・公立大学・私立大学の中央館）

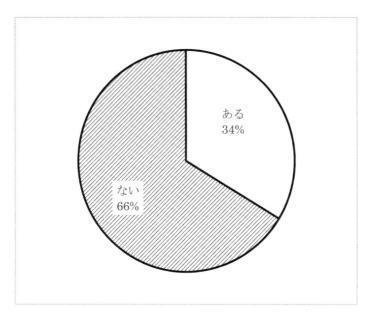

3-2-1 定期的に協議をおこなっている場合の頻度

		国立	公立	私立	その他	計
中央館	大学	19	2	32		53
	短大			1		1
	高専	2				2
	その他					0
小計		21	2	33	0	56
中央館以外	大学	11		6		17
	短大					0
	高専					0
小計		11	0	6	0	17
計		32	2	39	0	73

定期的な協議先		年間開催数				
	協議先	合計	平均	最大値	最小値	回数不明
国際関係	38	85	2.36	10	1	2
学務関係	29	116	4.14	50	1	1
部局事務	7	18	2.57	8	1	
留学関係	5	27	5.40	20	1	
図書館	5	20	4.00	12	2	
総務関係	1	2	2.00	2	2	
（不明）	2					
計	87	268	3.15	50	1	-

※（不明）は，具体的な協議先の回答がなかった。

3-2-2 不定期に協議をおこなっている場合の頻度

		国立	公立	私立	その他	計
中央館	大学	29	10	93	1	133
	短大			5		5
	高専	9		1		10
	その他	1				1
小計		39	10	99	1	149
中央館以外	大学	17		13		30
	短大					0
	高専					0
小計		17	0	13	0	30
計		56	10	112	1	179

不定期の協議先		年間開催数				
	協議先	回数合計	平均回数	最大値	最小値	回数不明
国際関係	88	189.5	2.92	12	1	23
学務関係	57	91.0	1.78	7	1	6
留学関係	19	27.5	1.83	4	1	4
部局事務	14	26.0	2.60	7	1	4
教員	6	14.5	2.90	5.5	1	1
総務関係	4	16.5	4.13	10	1	
図書館	4	7.5	1.88	2.5	1	
入試関係	2	2.0	1.00	1	1	
就職関係	1	1.5	1.50	1.5	1.5	
（不明）	5	15.5	3.10	7	1	
計	200	391.5	2.42	12	1	-

※（不明）は，具体的な協議先の回答がなかった。

3-2-3 協力事例（回答館数）

		国立	公立	私立	その他	計
中央館	大学	40	11	94	1	146
	短大			4		4
	高専	10				10
	その他	1				1
小計		51	11	98	1	161
中央館以外	大学	21		18		39
	短大					0
	高専					0
小計		21	0	18	0	39
計		72	11	116	1	200

3-2-3 他部局との協力事例（事例は，内容によって分類して集計した）

事例	事例数
ガイダンス	107
資料選定	41
利用登録	39
図書館利用	15
督促（連絡先照会）	12

事例	事例数
講習会	8
交流会	6
授業での利用	4
アルバイト	2
翻訳	2

事例	事例数
その他	13
計	249

2.4 資　料

> （資料）問4
> 1）留学生のための資料を収集・提供していますか。
> 2）「収集している」場合，1年あたり何冊収集していますか（回答は概数で結構です）。
> 3）「収集・提供している」場合，どのような資料・情報を収集していますか。概数で結構ですので冊数を記入してください（1年あたりの収集冊数ではなく，蔵書冊数をお答えください）。
> 4）留学生のための資料を集めて排架しているコーナーがありますか（他の資料と混排している場合は「ない」を選択してください）。　　　　　　　　　　（N=949）

4-1 資料収集

		国立			公立			私立			その他			計
		収集	未収集	小計	収集	未収集	小計	収集	未収集	小計	収集	未収集	小計	
中央館	大学	66	18	84	12	53	65	150	292	442	1	2	3	594
	短大			0	2	6	8	23	70	93			0	101
	高専	24	19	43		1	1		2	2			0	46
	その他		5	5			0			0			0	5
小計		90	42	132	14	60	74	173	364	537	1	2	3	746
中央館以外	大学	51	60	111	4	14	18	17	50	67			0	196
	短大			0			0	1	4	5			0	5
	高専		1	1		1	1			0			0	2
小計		51	61	112	4	15	19	18	54	72	0	0	0	203
計		141	103	244	18	75	93	191	418	609	1	2	3	949

資料の収集（国立大学・公立大学・私立大学の中央館）

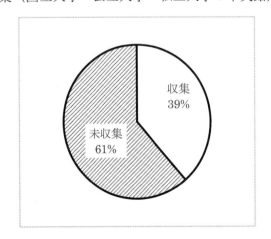

4-2 年間収集冊数（回答館数）

		国立	公立	私立	その他	計
中央館	大学	53	11	122	1	187
	短大		2	21		23
	高専	21				21
	その他					0
小計		74	13	143	1	231
中央館以外	大学	44	4	16		64
	短大			1		1
	高専					0
小計		44	4	17	0	65
計		118	17	160	1	296

4-2 年間収集冊数（冊数）

		国立	公立	私立	その他	計
中央館	大学	5,270	350	54,006	20	59,646
	短大		7	369		376
	高専	696				696
	その他					0
小計		5,966	357	54,375	20	60,718
中央館以外	大学	2,574	325	1,319		4,218
	短大			2		2
	高専					0
小計		2,574	325	1,321	0	4,220
計		8,540	682	55,696	20	64,938

4-2 年間収集冊数（冊数の合計／回答館数）

		国立	公立	私立	その他	回答館平均
中央館	大学	99	32	443	20	319
	短大		3	18		16
	高専	33				33
	その他					0
回答館平均（中央館）		81	27	380	20	263
中央館以外	大学	59	81	82		66
	短大			2		2
	高専					0
回答館平均（中央館以外）		59	81	78	0	65
回答館平均		72	40	348	20	219

4-3-1 蔵書冊数：日本語学習（回答館数）

		国立	公立	私立	その他	計
中央館	大学	26	10	91	1	128
	短大		2	19		21
	高専	13				13
	その他					0
小計		39	12	110	1	162
中央館以外	大学	25	1	11		37
	短大			1		1
	高専					0
小計		25	1	12	0	38
計		64	13	122	1	200

4-3-1 蔵書冊数：日本語学習（冊数）

		国立	公立	私立	その他	計
中央館	大学	15,669	2,246	32,633	20	50,568
	短大		40	1,274		1,314
	高専	675				675
	その他					0
小計		16,344	2,286	33,907	20	52,557
中央館以外	大学	5,648	1,600	2,310		9,558
	短大			6		6
	高専					0
小計		5,648	1,600	2,316	0	9,564
計		21,992	3,886	36,223	20	62,121

4-3-1 蔵書冊数：日本語学習（冊数の合計／回答館数）

		国立	公立	私立	その他	回答館平均
中央館	大学	603	225	359	20	395
	短大		20	67		63
	高専	52				52
	その他					0
回答館平均（中央館）		419	191	308	20	324
中央館以外	大学	226	1,600	210		258
	短大			6		6
	高専					0
回答館平均（中央館以外）		226	1,600	193	0	252
回答館平均		344	299	297	20	311

4-3-2 蔵書：日本事情・日本文化紹介（回答館数）

		国立	公立	私立	その他	計
中央館	大学	24	8	62		94
	短大		1	11		12
	高専	11				11
	その他					0
小計		35	9	73	0	117
中央館以外	大学	18	1	10		29
	短大					0
	高専					0
小計		18	1	10	0	29
計		53	10	83	0	146

4-3-2 蔵書：日本事情・日本文化紹介（冊数）

		国立	公立	私立	その他	計
中央館	大学	10,217	943	38,711		49,871
	短大		10	377		387
	高専	439				439
	その他					0
小計		10,656	953	39,088	0	50,697
中央館以外	大学	3,500	500	1,245		5,245
	短大					0
	高専					0
小計		3,500	500	1,245	0	5,245
計		14,156	1,453	40,333	0	55,942

4-3-2 蔵書：日本事情・日本文化紹介（冊数の合計／回答館数）

		国立	公立	私立	その他	回答館平均
中央館	大学	426	118	624		531
	短大		10	34		32
	高専	40				40
	その他					0
回答館平均（中央館）		304	106	535	0	433
中央館以外	大学	194	500	125		181
	短大					0
	高専					0
回答館平均（中央館以外）		194	500	125	0	181
回答館平均		267	145	486	0	383

4-3-3 蔵書：生活情報（回答館数）

		国立	公立	私立	その他	計
中央館	大学	14	2	37		53
	短大			9		9
	高専	9				9
	その他					0
小計		23	2	46	0	71
中央館以外	大学	12	1	5		18
	短大					0
	高専					0
小計		12	1	5	0	18
計		35	3	51	0	89

4-3-3 蔵書：生活情報（冊数）

		国立	公立	私立	その他	計
中央館	大学	1,101	5	2,827		3,933
	短大			70		70
	高専	75				75
	その他					0
小計		1,176	5	2,897	0	4,078
中央館以外	大学	159	10	12		181
	短大					0
	高専					0
小計		159	10	12	0	181
計		1,335	15	2,909	0	4,259

4-3-3 蔵書：生活情報（冊数の合計／回答館数）

		国立	公立	私立	その他	回答館平均
中央館	大学	79	3	76		74
	短大			8		8
	高専	8				8
	その他					0
回答館平均（中央館）		51	3	63	0	57
中央館以外	大学	13	10	2		10
	短大					0
	高専					0
回答館平均（中央館以外）		13	10	2	0	10
回答館平均		38	5	57	0	48

4-3-4 蔵書：母国の情報（新聞・雑誌等）（回答館数）

		国立	公立	私立	その他	計
中央館	大学	17	4	76		97
	短大			10		10
	高専	7				7
	その他					0
小計		24	4	86	0	114
中央館以外	大学	20	1	8		29
	短大					0
	高専					0
小計		20	1	8	0	29
計		44	5	94	0	143

4-3-4 蔵書：母国の情報（新聞・雑誌等）（冊数）

		国立	公立	私立	その他	計
中央館	大学	480	35	14,375		14,890
	短大			30		30
	高専	18				18
	その他					0
小計		498	35	14,405	0	14,938
中央館以外	大学	101	2	102		205
	短大					0
	高専					0
小計		101	2	102	0	205
計		599	37	14,507	0	15,143

4-3-4 蔵書：母国の情報（新聞・雑誌等）（冊数の合計／回答館数）

		国立	公立	私立	その他	回答館平均
中央館	大学	28	9	189		154
	短大			3		3
	高専	3				3
	その他					0
回答館平均（中央館）		21	9	168	0	131
中央館以外	大学	5	2	13		7
	短大					0
	高専					0
回答館平均(中央館以外)		5	2	13	0	7
回答館平均		14	7	154	0	106

4-3-5 蔵書：専門教育の基礎的文献（回答館数）

		国立	公立	私立	その他	計
中央館	大学	13	1	37		51
	短大			7		7
	高専	8				8
	その他					0
小計		21	1	44	0	66
中央館以外	大学	20	2	6		28
	短大					0
	高専					0
小計		20	2	6	0	28
計		41	3	50	0	94

4-3-5 蔵書：専門教育の基礎的文献（冊数）

		国立	公立	私立	その他	計
中央館	大学	3,505	0	10,023		13,528
	短大			144		144
	高専	310				310
	その他					0
小計		3,815	0	10,167	0	13,982
中央館以外	大学	58,775	15,100	8,428		82,303
	短大					0
	高専					0
小計		58,775	15,100	8,428	0	82,303
計		62,590	15,100	18,595	0	96,285

4-3-5 蔵書：専門教育の基礎的文献（冊数の合計／回答館数）

		国立	公立	私立	その他	回答館平均
中央館	大学	270	0	271		265
	短大			21		21
	高専	39				39
	その他					0
回答館平均（中央館）		182	0	231	0	212
中央館以外	大学	2,939	7,550	1,405		2,939
	短大					0
	高専					0
回答館平均（中央館以外）		2,939	7,550	1,405	0	2,939
回答館平均		1,527	5,033	372	0	1,024

4-3-6 蔵書：その他（回答館数）

		国立	公立	私立	その他	計
中央館	大学	7	1	14		22
	短大			2		2
	高専	5				5
	その他					0
小計		12	1	16	0	29
中央館以外	大学	5		3		8
	短大					0
	高専					0
小計		5	0	3	0	8
計		17	1	19	0	37

4-3-6 蔵書：その他（冊数）

		国立	公立	私立	その他	計
中央館	大学	2,264	70	2,899		5,233
	短大			63		63
	高専	671				671
	その他					0
小計		2,935	70	2,962	0	5,967
中央館以外	大学	930		816		1,746
	短大					0
	高専					0
小計		930	0	816	0	1,746
計		3,865	70	3,778	0	7,713

4-3-6 蔵書：その他（冊数の合計／回答館数）

		国立	公立	私立	その他	回答館平均
中央館	大学	323	70	207		238
	短大			32		32
	高専	134				134
	その他					0
回答館平均（中央館）		245	70	185	0	206
中央館以外	大学	186		272		218
	短大					0
	高専					0
回答館平均（中央館以外）		186	0	272	0	218
回答館平均		227	70	199	0	208

4-3-6 蔵書：その他： 一つの回答を内容によって複数に分割した場合がある。以下の「内容」は，回答そのままではない。内容別に分類して集計した。

内容	回答数
文学	13
留学	6
外国語	5
日本語	5
新聞	4
就職	3
地理	3
娯楽	2
その他	6
計	47

4-3-7 蔵書：収集分野を区分していない（回答館数）

		国立	公立	私立	その他	計
中央館	大学	39	1	37		77
	短大			5		5
	高専	12				12
	その他					0
小計		51	1	42	0	94
中央館以外	大学	19	2	5		26
	短大					0
	高専					0
小計		19	2	5	0	26
計		70	3	47	0	120

4-3-7 蔵書：収集分野を区分していない（冊数）

		国立	公立	私立	その他	計
中央館	大学	66,814	20	131,703		198,537
	短大			135		135
	高専	1,417				1,417
	その他					0
小計		68,231	20	131,838	0	200,089
中央館以外	大学	25,096	8,862	94,446		128,404
	短大					0
	高専					0
小計		25,096	8,862	94,446	0	128,404
計		93,327	8,882	226,284	0	328,493

4-3-7 蔵書：収集分野を区分していない（冊数の合計／回答館数）

		国立	公立	私立	その他	回答館平均
中央館	大学	1,713	10	3,212		2,421
	短大			27		27
	高専	118				118
	その他					0
回答館平均（中央館）		1,338	10	2,866	0	2,021
中央館以外	大学	1,321	4,431	18,889		4,939
	短大					0
	高専					0
回答館平均（中央館以外）		1,321	4,431	18,889	0	4,939
回答館平均		1,333	2,221	4,437	0	2,628

蔵書冊数合計（回答館数）

		国立	公立	私立	その他	計
中央館	大学	86	66	444	3	599
	短大		8	93		101
	高専	43	1	2		46
	その他	5				5
小計		134	75	539	3	751
中央館以外	大学	111	18	69		198
	短大			5		5
	高専	1	1			2
小計		112	19	74	0	205
計		246	94	613	3	956

※回答館全館の合計

蔵書冊数合計（冊数）

		国立	公立	私立	その他	計
中央館	大学	100,050	3,319	233,171	20	336,560
	短大		50	2,093		2,143
	高専	3,605				3,605
	その他					0
小計		103,655	3,369	235,264	20	342,308
中央館以外	大学	94,209	26,074	107,359		227,642
	短大			6		6
	高専					0
小計		94,209	26,074	107,365	0	227,648
計		197,864	29,443	342,629	20	569,956

蔵書冊数合計（冊数の合計／回答館数）

		国立	公立	私立	その他	回答館平均
中央館	大学	1,163	50	525	7	562
	短大		6	23		21
	高専	84				78
	その他					0
回答館平均（中央館）		774	45	436	7	456
中央館以外	大学	849	1,449	1,556		1,150
	短大			1		1
	高専					0
回答館平均（中央館以外）		841	1,372	1,451	0	1,110
回答館平均		804	313	559	7	596

4-4 留学生のための資料を排架するコーナー

		国立 ある	国立 ない	国立 小計	公立 ある	公立 ない	公立 小計	私立 ある	私立 ない	私立 小計	その他 ある	その他 ない	その他 小計	計
中央館	大学	55	29	84	2	60	62	68	355	423	1	2	3	572
中央館	短大			0		8	8	4	83	87			0	95
中央館	高専	22	20	42		1	1		2	2			0	45
中央館	他		5	5			0			0			0	5
小計		77	54	131	2	69	71	72	440	512	1	2	3	717
中央館以外	大学	31	78	109	1	16	17	11	56	67			0	193
中央館以外	短大			0			0	1	4	5			0	5
中央館以外	高専		1	1		1	1			0			0	2
小計		31	79	110	1	17	18	12	60	72	0	0	0	200
計		108	133	241	3	86	89	84	500	584	1	2	3	917

留学生資料のコーナー（国立大学・公立大学・私立大学の中央館）

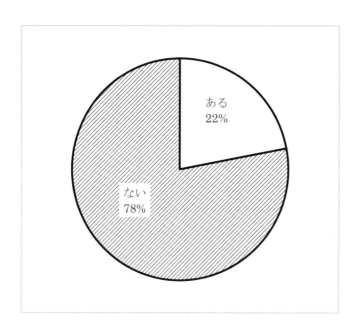

2.5 目 録

（目録）問5　多言語資料の目録作成に対応していますか。

（図書館システム）　　　　　　　　　　　　　　　　　　　　　　　　（N=952）

（多言語資料の目録作成ができる人材）　　　　　　　　　　　　　　（N=946）

5-1 図書館システム：多言語対応

		国立				公立			
		対応	概ね対応	未対応	小計	対応	概ね対応	未対応	小計
中央館	大学	69	12	4	85	28	20	17	65
	短大				0	3	2	3	8
	高専	37	2	4	43		1		1
	その他	4	1		5				0
小計		110	15	8	133	31	23	20	74
中央館以外	大学	95	10	6	111	8	8	2	18
	短大				0				0
	高専	1			1	1			1
小計		96	10	6	112	8	9	2	19
計		206	25	14	245	39	32	22	93

		私立				その他				計
		対応	概ね対応	未対応	小計	対応	概ね対応	未対応	小計	
中央館	大学	177	109	157	443	1		2	3	596
	短大	23	8	62	93				0	101
	高専			2	2				0	46
	その他				0				0	5
小計		200	117	221	538	1	0	2	3	748
中央館以外	大学	41	20	7	68				0	197
	短大	2	1	2	5				0	5
	高専				0				0	2
小計		43	21	9	73	0	0	0	0	204
計		243	138	230	611	1	0	2	3	952

5-2 多言語資料の目録作成ができる人材

		国立					公立				
		揃う	概ね揃う	不十分	いない	小計	揃う	概ね揃う	不十分	いない	小計
中央館	大学	7	29	38	11	85	2	14	28	20	64
	短大					0		1	2	5	8
	高専	2	7	16	18	43		1			1
	その他		2	3		5					0
小計		9	38	57	29	133	2	16	30	25	73
中央館以外	大学	18	25	43	22	108	2	2	11	3	18
	短大					0					0
	高専		1			1			1		1
小計		18	26	43	22	109	2	2	12	3	19
計		27	64	100	51	242	4	18	42	28	92

		私立					その他					計
		揃う	概ね揃う	不十分	いない	小計	揃う	概ね揃う	不十分	いない	小計	
中央館	大学	17	94	152	178	441			2	1	3	593
	短大		5	21	66	92					0	100
	高専			2		2					0	46
	その他					0					0	5
小計		17	99	175	244	535	0	0	2	1	3	744
中央館以外	大学	5	23	14	27	69					0	195
	短大			1	4	5					0	5
	高専					0					0	2
小計		5	23	15	31	74	0	0	0	0	0	202
計		22	122	190	275	609	0	0	2	1	3	946

目録システムの多言語対応
（国立大学・公立大学・私立大学の中央館）

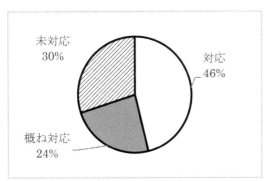

多言語資料の目録作成ができる人材
（国立大学・公立大学・私立大学の中央館）

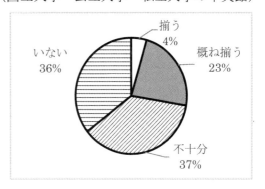

2.6 検索

> （検索）問6　蔵書検索システムは多言語検索に対応していますか。　　（N=953）

6 検索：多言語対応

		国立				公立			
		対応	概ね対応	未対応	小計	対応	概ね対応	未対応	小計
中央館	大学	61	21	4	86	26	25	14	65
	短大				0	3	2	3	8
	高専	27	9	7	43		1		1
	その他	3	2		5				0
小計		91	32	11	134	29	28	17	74
中央館以外	大学	87	17	7	111	9	8	1	18
	短大				0				0
	高専	1			1	1			1
小計		88	17	7	112	9	9	1	19
計		179	49	18	246	38	37	18	93

		私立				その他				計
		対応	概ね対応	未対応	小計	対応	概ね対応	未対応	小計	
中央館	大学	144	143	156	443	1		2	3	597
	短大	17	13	63	93				0	101
	高専		1	1	2				0	46
	その他				0				0	5
小計		161	157	220	538	1	0	2	3	749
中央館以外	大学	38	22	8	68				0	197
	短大	2	1	2	5				0	5
	高専				0				0	2
小計		40	23	10	73	0	0	0	0	204
計		201	180	230	611	1	0	2	3	953

検索システムの多言語対応

（国立大学・公立大学・私立大学の中央館）

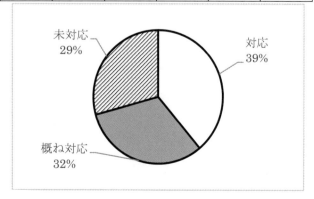

2.7 日本語以外の言語による情報提供

（日本語以外の言語による情報提供）問7
1) 日本語以外の言語で書かれた利用案内を作成していますか。　　　　　（N=952）
2) 「作成している」場合，作成している言語はどれですか（複数回答可）。
3) 日本語以外の言語で書かれたウェブサイトを作成していますか。　　　（N=933）
4) 「作成している」場合，作成している言語はどれですか（複数回答可）。
5) 日本語以外の言語で書かれた館内掲示類（出入口，貸出カウンター，各フロアの配置図等）を作成していますか（日本語との併記を含みます）。　　　（N=937）
6) 「作成している」場合，作成している言語はどれですか（複数回答可）。
7) 上記の他に留学生向けに情報提供している具体例がありましたらお答えください。

7-1 情報提供：利用案内

		国立 作成	国立 未作成	国立 小計	公立 作成	公立 未作成	公立 小計	私立 作成	私立 未作成	私立 小計	その他 作成	その他 未作成	その他 小計	計
中央館	大学	58	28	86	13	52	65	84	357	441	2	1	3	595
	短大			0		8	8	2	91	93			0	101
	高専	2	41	43		1	1		2	2			0	46
	その他	3	2	5			0			0			0	5
小計		63	71	134	13	61	74	86	450	536	2	1	3	747
中央館以外	大学	74	37	111	1	17	18	23	46	69			0	198
	短大			0			0	1	4	5			0	5
	高専		1	1	1		1			0			0	2
小計		74	38	112	2	17	19	24	50	74	0	0	0	205
計		137	109	246	15	78	93	110	500	610	2	1	3	952

利用案内（国立大学・公立大学・私立大学の中央館）

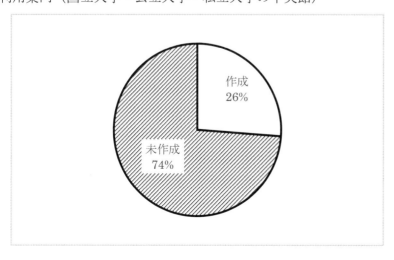

7-2-1 英語（利用案内の作成言語）

		国立	公立	私立	その他	計
中央館	大学	58	13	81	2	154
	短大			2		2
	高専	2				2
	その他	3				3
小計		63	13	83	2	161
中央館以外	大学	74	1	22		97
	短大			1		1
	高専		1			1
小計		74	2	23	0	99
計		137	15	106	2	260

7-2-2 韓国・朝鮮語（利用案内の作成言語）

		国立	公立	私立	その他	計
中央館	大学	8		9		17
	短大					0
	高専					0
	その他					0
小計		8	0	9	0	17
中央館以外	大学	12		5		17
	短大					0
	高専					0
小計		12	0	5	0	17
計		20	0	14	0	34

7-2-3 中国語（利用案内の作成言語）

		国立	公立	私立	その他	計
中央館	大学	10		21	1	32
	短大			1		1
	高専					0
	その他					0
小計		10	0	22	1	33
中央館以外	大学	5		6		11
	短大			1		1
	高専					0
小計		5	0	7	0	12
計		15	0	29	1	45

7-2-4 その他（利用案内の作成言語）

		国立	公立	私立	その他	計
中央館	大学	2				2
	短大					0
	高専					0
	その他					0
小計		2	0	0	0	2
中央館以外	大学	1		1		2
	短大					0
	高専					0
小計		1	0	1	0	2
計		3	0	1	0	4

7-2-4　その他の言語（回答を複数に分割して集計したので，回答館数とは一致しない）
　　ベトナム語(3)，インドネシア語(2)，タイ語(2)，イタリア語(1)，スペイン語(1)，
　　ドイツ語(1)，ビルマ語(1)，フランス語(1)，ネパール語(1)

7-3 ウェブサイト

		国立			公立			私立			その他			計
		作成	未作成	小計	作成	未作成	小計	作成	未作成	小計	作成	未作成	小計	
中央館	大学	62	24	86	24	39	63	81	350	431	1	2	3	583
	短大			0		8	8	3	87	90			0	98
	高専	4	37	41	1		1	1	1	2			0	44
	その他	4	1	5			0			0			0	5
小計		70	62	132	25	47	72	85	438	523	1	2	3	730
中央館以外	大学	84	27	111	4	14	18	21	46	67			0	196
	短大			0			0		5	5			0	5
	高専		1	1		1	1			0			0	2
小計		84	28	112	4	15	19	21	51	72	0	0	0	203
計		154	90	244	29	62	91	106	489	595	1	2	3	933

ウェブサイト（国立大学・公立大学・私立大学の中央館）

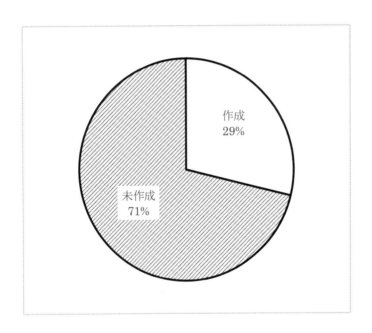

7-4-1 英語（ウェブサイトの作成言語）

		国立	公立	私立	その他	計
中央館	大学	61	24	81	1	167
	短大			3		3
	高専	4	1	1		6
	その他	4				4
小計		69	25	85	1	180
中央館以外	大学	84	4	21		109
	短大					0
	高専					0
小計		84	4	21	0	109
計		153	29	106	1	289

7-4-2 韓国・朝鮮語（ウェブサイトの作成言語）

		国立	公立	私立	その他	計
中央館	大学	1	1	6		8
	短大					0
	高専					0
	その他					0
小計		1	1	6	0	8
中央館以外	大学	8		5		13
	短大					0
	高専					0
小計		8	0	5	0	13
計		9	1	11	0	21

7-4-3 中国語（ウェブサイトの作成言語）

		国立	公立	私立	その他	計
中央館	大学	1	2	10		13
	短大					0
	高専	1				1
	その他					0
小計		2	2	10	0	14
中央館以外	大学	10		6		16
	短大					0
	高専					0
小計		10	0	6	0	16
計		12	2	16	0	30

7-4-4 その他（ウェブサイトの作成言語）

		国立	公立	私立	その他	計
中央館	大学	1		1		2
	短大					0
	高専	1				1
	その他					0
小計		2	0	1	0	3
中央館以外	大学					0
	短大					0
	高専					0
小計		0	0	0	0	0
計		2	0	1	0	3

7-4-4　日本語以外の言語で書かれたウェブサイト（その他・回答館数）

　　タイ語(1)，自動翻訳による多言語対応(1)

7-5 館内掲示類

		国立			公立			私立			その他			計
		作成	未作成	小計	作成	未作成	小計	作成	未作成	小計	作成	未作成	小計	
中央館	大学	54	31	85	14	51	65	72	362	434	1	2	3	587
	短大			0		8	8	5	85	90			0	98
	高専	4	38	42		1	1		2	2			0	45
	その他	4	1	5			0			0			0	5
小計		62	70	132	14	60	74	77	449	526	1	2	3	735
中央館以外	大学	62	49	111	4	13	17	17	50	67			0	195
	短大			0			0		5	5			0	5
	高専		1	1		1	1			0			0	2
小計		62	50	112	4	14	18	17	55	72	0	0	0	202
計		124	120	244	18	74	92	94	504	598	1	2	3	937

館内掲示類（国立大学・公立大学・私立大学の中央館）

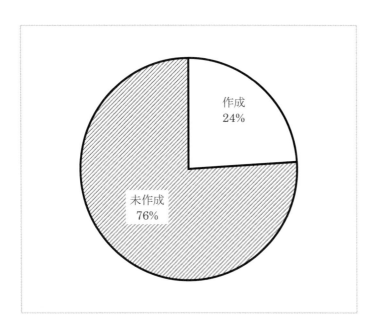

7-6-1 英語（館内掲示類の作成言語）

		国立	公立	私立	その他	計
中央館	大学	54	14	67	1	136
	短大			4		4
	高専	4				4
	その他	4				4
小計		62	14	71	1	148
中央館以外	大学	62	3	16		81
	短大					0
	高専					0
小計		62	3	16	0	81
計		124	17	87	1	229

7-6-2 韓国・朝鮮語（館内掲示類の作成言語）

		国立	公立	私立	その他	計
中央館	大学			4		4
	短大			1		1
	高専					0
	その他					0
小計		0	0	5	0	5
中央館以外	大学			1		1
	短大					0
	高専					0
小計		0	0	1	0	1
計		0	0	6	0	6

7-6-3 中国語（館内掲示類の作成言語）

		国立	公立	私立	その他	計
中央館	大学			10	1	11
	短大					0
	高専					0
	その他					0
小計		0	0	10	1	11
中央館以外	大学		1	1		2
	短大					0
	高専					0
小計		0	1	1	0	2
計		0	1	11	1	13

7-6-4 その他（館内掲示類の作成言語）

		国立	公立	私立	その他	計
中央館	大学			3		3
	短大			1		1
	高専					0
	その他					0
小計		0	0	4	0	4
中央館以外	大学					0
	短大					0
	高専					0
小計		0	0	0	0	0
計		0	0	4	0	4

7-6-4　日本語以外で書かれた館内掲示類（その他・回答館数）（回答を複数に分割して
集計したので，回答館数とは一致しない）
スペイン語(2)，タイ語(2)，ドイツ語(1)，フランス語(1)，ベトナム語(1)，ロシア語(1)

7-7 その他の情報提供の具体例（回答館数）

		国立	公立	私立	その他	計
中央館	大学	9	5	12		26
	短大					0
	高専	2				2
	その他					0
小計		11	5	12	0	28
中央館以外	大学	11	1	4		16
	短大					0
	高専					0
小計		11	1	4	0	16
計		22	6	16	0	44

7-7　上記の他に留学生向けに情報提供している具体例（回答そのままではなく，内容に
　　　よって分類して集計した）

具体例	回答館数
メールニュース	7
利用案内	7
DB 操作	4
OPAC 操作	3
開館・休館	3
カウンター	2
機器説明	2
講習会	2
新着資料	2
申込用紙	2
掲示等は日英併記	1
地震発生時の対応を掲示	1
注意事項の掲示	1
コーナー紹介	1
しおり	1
チラシ	1
パンフレット	1
資料提供	1
新聞	1
交流会	1
要望があれば対応	1
計	45

2.8 利用支援

> （利用支援）問8
> 1）留学生等を対象に図書館オリエンテーションや利用指導などをおこなっていますか。
> (N=951)
> 2）「おこなっている」場合，おこなっている言語はどれですか（複数回答可）。

8-1 利用支援の実施

		国立			公立			私立			その他			計
		実施	未実施	小計	実施	未実施	小計	実施	未実施	小計	実施	未実施	小計	
中央館	大学	50	36	86	9	56	65	130	311	441		3	3	595
	短大			0	2	6	8	9	84	93			0	101
	高専	12	31	43		1	1		2	2			0	46
	その他	2	3	5			0			0			0	5
小計		64	70	134	11	63	74	139	397	536	0	3	3	747
中央館以外	大学	41	70	111	2	16	18	15	53	68			0	197
	短大			0			0		5	5			0	5
	高専		1	1		1	1			0			0	2
小計		41	71	112	2	17	19	15	58	73	0	0	0	204
計		105	141	246	13	80	93	154	455	609	0	3	3	951

利用支援の実施（国立大学・公立大学・私立大学の中央館）

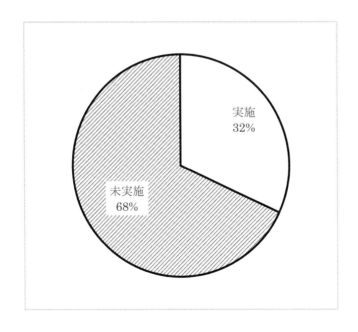

8-2-1 英語（利用支援の実施言語）

		国立	公立	私立	その他	計
中央館	大学	36	6	47		89
	短大					0
	高専	2				2
	その他	2				2
小計		40	6	47	0	93
中央館以外	大学	37		8		45
	短大					0
	高専					0
小計		37	0	8	0	45
計		77	6	55	0	138

8-2-2 韓国・朝鮮語（利用支援の実施言語）

		国立	公立	私立	その他	計
中央館	大学	1		6		7
	短大					0
	高専					0
	その他					0
小計		1	0	6	0	7
中央館以外	大学	1				1
	短大					0
	高専					0
小計		1	0	0	0	1
計		2	0	6	0	8

8-2-3 中国語（利用支援の実施言語）

		国立	公立	私立	その他	計
中央館	大学	4		9		13
	短大			1		1
	高専					0
	その他					0
小計		4	0	10	0	14
中央館以外	大学	1				1
	短大					0
	高専					0
小計		1	0	0	0	1
計		5	0	10	0	15

8-2-4 日本語（利用支援の実施言語）

		国立	公立	私立	その他	計
中央館	大学	34	4	100		138
	短大		2	9		11
	高専	11				11
	その他	2				2
小計		47	6	109	0	162
中央館以外	大学	17	2	9		28
	短大					0
	高専					0
小計		17	2	9	0	28
計		64	8	118	0	190

8-2-5 その他（利用支援の実施言語）

		国立	公立	私立	その他	計
中央館	大学	3		9		12
	短大			1		1
	高専					0
	その他					0
小計		3	0	10	0	13
中央館以外	大学	1		1		2
	短大					0
	高専					0
小計		1	0	1	0	2
計		4	0	11	0	15

8-2-5 利用支援をおこなっている言語（具体的事例）

・フランス語　　　　　　　　　・ベトナム語
・英語通訳のバディが随行する。　・学生チューターが通訳。
・国際教育・研究センター教員が英語で補足。
・図書館の利用指導の際は，外国籍の教員や留学生で通訳ができる方に依頼。
・図書館職員（業務委託スタッフ）が日本語で館内の案内や利用法を話して，留学生担当
　部署の職員が英語等でそれを留学生に翻訳説明する。
・他部署外国人スタッフが通訳として同行する場合がある。
・通訳できる方がいる場合，協力依頼している。
・必要があれば教員が通訳を行っている。
・当該国を母国語とする学生と一緒にオリエンテーションをおこなう。
・日本語から英語に翻訳可能なスタッフを配置。
・日本人学生と一緒にガイダンスを行っている。

2.9 対応マニュアル等

> （対応マニュアル等）問9
> 1）日本語が不自由な利用者対応のために何らかの準備をしていますか。
> 2）「準備している」場合，どのような準備をしていますか。
> 3）「対応マニュアルを作成している」場合，作成している言語はどれですか。
> (N=948)

9-1 利用者対応の準備

		国立 準備	国立 なし	国立 小計	公立 準備	公立 なし	公立 小計	私立 準備	私立 なし	私立 小計	その他 準備	その他 なし	その他 小計	計
中央館	大学	32	54	86	13	52	65	64	375	439		3	3	593
	短大			0		8	8	4	89	93			0	101
	高専	1	42	43		1	1		2	2			0	46
	その他		5	5			0			0			0	5
小計		33	101	134	13	61	74	68	466	534	0	3	3	745
中央館以外	大学	38	73	111	2	16	18	12	55	67			0	196
	短大			0			0		5	5			0	5
	高専		1	1	1		1			0			0	2
小計		38	74	112	2	17	19	12	60	72	0	0	0	203
計		71	175	246	15	78	93	80	526	606	0	3	3	948

利用者対応の準備（国立大学・公立大学・私立大学の中央館）

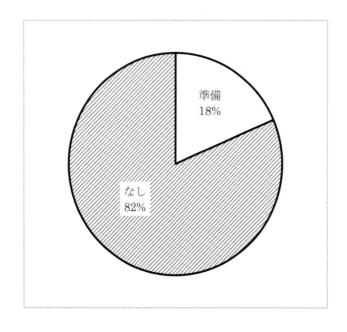

9-2-1 外国語による対応マニュアルを作成している

		国立	公立	私立	その他	計
中央館	大学	11	3	20		34
	短大					0
	高専					0
	その他					0
小計		11	3	20	0	34
中央館以外	大学	12	1	6		19
	短大					0
	高専					0
小計		12	1	6	0	19
計		23	4	26	0	53

9-2-2 外国語会話ができる職員がいる

		国立	公立	私立	その他	計
中央館	大学	19	6	43		68
	短大			2		2
	高専					0
	その他					0
小計		19	6	45	0	70
中央館以外	大学	23	1	5		29
	短大					0
	高専					0
小計		23	1	5	0	29
計		42	7	50	0	99

9-2-3 その他

		国立	公立	私立	その他	計
中央館	大学	13	5	16		34
	短大			2		2
	高専	1				1
	その他					0
小計		14	5	18	0	37
中央館以外	大学	14		3		17
	短大					0
	高専					0
小計		14	0	3	0	17
計		28	5	21	0	54

9-2-3 準備しているマニュアル（具体例）（内容によって分類して集計した）

マニュアル等	回答館数
事例集	17
利用案内	11
JLA（*1）	7
外国語併記	4
名古屋大学（*2）	4
留学生を配置している	4
業務委託している	2
担当職員を配置	2
研修等に参加	1
指さしシート	1
教員が通訳する	1
計	54

*1 JLA

　古林洽子[ほか]著『図書館員のための英会話ハンドブック　国内編』日本図書館協会, 1996. 241p.

　京藤松子[ほか]著『図書館員のための英会話ハンドブック　海外旅行編』日本図書館協会, 1991. 185p.

*2 名古屋大学

　名古屋大学附属図書館 "大学図書館英会話集：名古屋大学中央図書館カウンターでの対応"「名古屋大学学術機関リポジトリ」2012-03-21.

　http://hdl.handle.net/2237/16378,(参照 2017-02-11)

9-3-1 英語（対応マニュアル作成言語）

		国立	公立	私立	その他	計
中央館	大学	12	4	25		41
	短大					0
	高専					0
	その他					0
小計		12	4	25	0	41
中央館以外	大学	14	1	5		20
	短大					0
	高専					0
小計		14	1	5	0	20
計		26	5	30	0	61

9-3-2 韓国・朝鮮語（対応マニュアル作成言語）

		国立	公立	私立	その他	計
中央館	大学	1		1		2
	短大					0
	高専					0
	その他					0
小計		1	0	1	0	2
中央館以外	大学			1		1
	短大					0
	高専					0
小計		0	0	1	0	1
計		1	0	2	0	3

9-3-3 中国語（対応マニュアル作成言語）

		国立	公立	私立	その他	計
中央館	大学	1		2		3
	短大					0
	高専					0
	その他					0
小計		1	0	2	0	3
中央館以外	大学			1		1
	短大					0
	高専					0
小計		0	0	1	0	1
計		1	0	3	0	4

9-3-4 その他（対応マニュアル作成言語）

		国立	公立	私立	その他	計
中央館	大学					0
	短大					0
	高専					0
	その他					0
小計		0	0	0	0	0
中央館以外	大学					0
	短大					0
	高専					0
小計		0	0	0	0	0
計		0	0	0	0	0

2.10 職員

> （職員）問１０
> １）外国籍の職員がいますか。
> ２）「いる」場合，次のどれに該当しますか。　　　　　　　　　　　(N=946)

10-1 外国籍職員

		国立 いる	国立 いない	国立 小計	公立 いる	公立 いない	公立 小計	私立 いる	私立 いない	私立 小計	その他 いる	その他 いない	その他 小計	計
中央館	大学	17	69	86	5	59	64	41	399	440	1	2	3	593
	短大			0		8	8	9	84	93			0	101
	高専	5	38	43		1	1	1	1	2			0	46
	その他	1	4	5			0			0			0	5
小計		23	111	134	5	68	73	51	484	535	1	2	3	745
中央館以外	大学	18	90	108		17	17	1	68	69			0	194
	短大			0			0		5	5			0	5
	高専		1	1		1	1			0			0	2
小計		18	91	109	0	18	18	1	73	74	0	0	0	201
計		41	202	243	5	86	91	52	557	609	1	2	3	946

外国籍職員（国立大学・公立大学・私立大学の中央館）

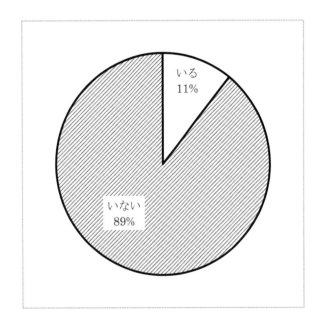

10-2-1 正職員

		国立	公立	私立	その他	計
中央館	大学		2	21		23
	短大			3		3
	高専	3		1		4
	その他					0
小計		3	2	25	0	30
中央館以外	大学					0
	短大					0
	高専					0
小計		0	0	0	0	0
計		3	2	25	0	30

10-2-2 非常勤職員等

		国立	公立	私立	その他	計
中央館	大学	14	3	28	1	46
	短大			8		8
	高専	2		1		3
	その他					0
小計		16	3	37	1	57
中央館以外	大学	16		1		17
	短大					0
	高専					0
小計		16	0	1	0	17
計		32	3	38	1	74

10-2-3 ボランティア

		国立	公立	私立	その他	計
中央館	大学	1				1
	短大					0
	高専					0
	その他					0
小計		1	0	0	0	1
中央館以外	大学					0
	短大					0
	高専					0
小計		0	0	0	0	0
計		1	0	0	0	1

10-2-4 その他

		国立	公立	私立	その他	計
中央館	大学	4		3		7
	短大					0
	高専	1				1
	その他	1				1
小計		6	0	3	0	9
中央館以外	大学	3				3
	短大					0
	高専					0
小計		3	0	0	0	3
計		9	0	3	0	12

10-2-4　その他の具体例（回答館数）

　　図書館サポーター（学生アルバイト）(2)，図書館学生サポーター(1)，

　　図書館ティーチング・アシスタント(1)，Student Assistant(1)，TA(1)，

　　大学院生 TA(1)，土曜開館における学生アルバイト(1)，嘱託職員(1)，特命助教(1)，

　　留学生コンシェルジュ(1)

2.11 語学研修

> （語学研修）問１１
> １）勤務時間内に外国語会話などの研修の機会がありますか。　　　　　　（N=949）
> ２）外国語を習得するために必要な経費等の補助がありますか（勤務時間外におこなう自己研修への補助を含みます）。　　　　　　（N=943）

11-1 勤務時間内の語学研修

		国立 ある	国立 ない	国立 小計	公立 ある	公立 ない	公立 小計	私立 ある	私立 ない	私立 小計	その他 ある	その他 ない	その他 小計	計
中央館	大学	43	43	86	7	57	64	24	418	442		3	3	595
	短大			0		8	8	2	91	93			0	101
	高専	7	36	43		1	1		2	2			0	46
	その他	2	3	5			0			0			0	5
小計		52	82	134	7	66	73	26	511	537	0	3	3	747
中央館以外	大学	67	42	109	1	16	17	8	61	69			0	195
	短大			0			0		5	5			0	5
	高専		1	1		1	1			0			0	2
小計		67	43	110	1	17	18	8	66	74	0	0	0	202
計		119	125	244	8	83	91	34	577	611	0	3	3	949

勤務時間内の語学研修（国立大学・公立大学・私立大学の中央館）

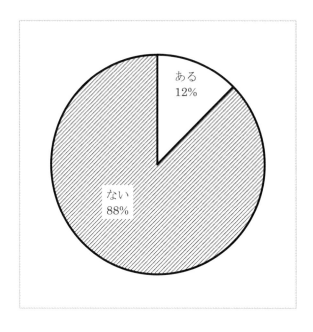

11-2 外国語習得のための経費補助

		国立 ある	国立 ない	国立 小計	公立 ある	公立 ない	公立 小計	私立 ある	私立 ない	私立 小計	その他 ある	その他 ない	その他 小計	計
中央館	大学	42	43	85	9	55	64	85	352	437	1	2	3	589
	短大			0		8	8	10	82	92			0	100
	高専	8	35	43	1		1		2	2			0	46
	その他	1	4	5			0			0			0	5
小計		51	82	133	10	63	73	95	436	531	1	2	3	740
中央館以外	大学	57	52	109	5	13	18	30	39	69			0	196
	短大			0			0	1	4	5			0	5
	高専		1	1	1		1			0			0	2
小計		57	53	110	6	13	19	31	43	74	0	0	0	203
計		108	135	243	16	76	92	126	479	605	1	2	3	943

語学研修の経費補助（国立大学・公立大学・私立大学の中央館）

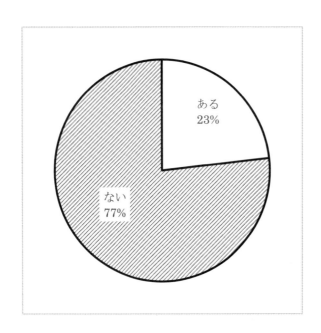

2.12 要望調査

(要望調査)問12
1) 留学生等から図書館サービスに関して何らかの要望が出されたことがありますか。
2) 「ある」場合,具体的にお書きください。
3) 留学生等の図書館ニーズを把握するために要望調査を実施したことがありますか。
4) 「ある」場合,その方法と実施頻度(1年に1回など)をお答えください。

(N=946)

12-1 留学生からの要望有無

		国立 ある	国立 ない	国立 小計	公立 ある	公立 ない	公立 小計	私立 ある	私立 ない	私立 小計	その他 ある	その他 ない	その他 小計	計
中央館	大学	29	56	85	5	60	65	60	379	439		3	3	592
	短大			0		8	8	3	89	92			0	100
	高専	5	38	43		1	1		2	2			0	46
	その他	1	4	5			0			0			0	5
小計		35	98	133	5	69	74	63	470	533	0	3	3	743
中央館以外	大学	18	92	110	1	17	18	6	62	68			0	196
	短大			0			0		5	5			0	5
	高専		1	1		1	1			0			0	2
小計		18	93	111	1	18	19	6	67	73	0	0	0	203
計		53	191	244	6	87	93	69	537	606	0	3	3	946

留学生からの要望(国立大学・公立大学・私立大学の中央館)

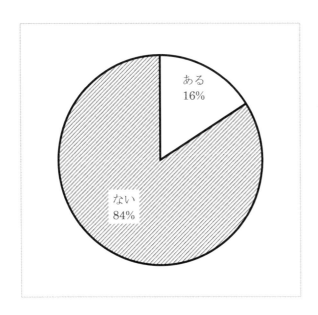

12-2 留学生からの要望（回答そのままの表記ではない。内容によって分類して集計した。）

資料購入	83
ガイダンス	13
PCの利用	10
利用環境	8
貸出	7
お知らせ（多言語）	7
開館時間延長	5
職員（英語力）	4
OPACの使い勝手	3
日本人学生と共通	2
参考調査	1
排架（コーナー設置）	1
相互利用	1
文献入手に時間がかかる	1
合計	146

資料内訳

日本語学習	18
母国語資料	11
外国語	8
英語	6
中国語	3
英語専門書	2
e-book	1
ベトナム語	1
リクエスト	1
英語・中国語	1
韓国語	1
語学	1
就職	1
進学	1
専門書	1
その他	26

お知らせ内訳

英語	3
英語・中国語	1
その他	3

12-3 要望調査の実施

		国立 あ る	国立 な い	国立 小計	公立 あ る	公立 な い	公立 小計	私立 あ る	私立 な い	私立 小計	その他 あ る	その他 な い	その他 小計	計
中央館	大学	16	70	86	2	63	65	19	418	437		3	3	591
	短大			0		7	7		93	93			0	100
	高専	2	41	43		1	1		2	2			0	46
	その他		5	5			0			0			0	5
小計		18	116	134	2	71	73	19	513	532	0	3	3	742
中央館以外	大学	13	98	111	1	17	18	3	65	68			0	197
	短大			0			0		5	5			0	5
	高専		1	1		1	1			0			0	2
小計		13	99	112	1	18	19	3	70	73	0	0	0	204
計		31	215	246	3	89	92	22	583	605	0	3	3	946

要望調査の実施（国立大学・公立大学・私立大学の中央館）

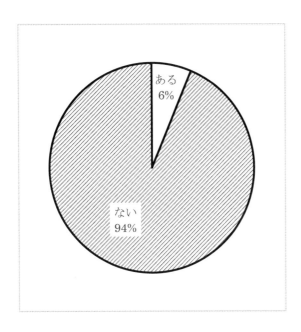

12-4-1 懇談会（回答館数）

		国立	公立	私立	その他	計
中央館	大学	9		3		12
	短大					0
	高専					0
	その他					0
小計		9	0	3	0	12
中央館以外	大学	10	1	2		13
	短大					0
	高専					0
小計		10	1	2	0	13
計		19	1	5	0	25

12-4-1 懇談会開催頻度

年1回	7
不定期	4
年2回	2
年4回	1
2年に1回	1
過去に1回	1
数年に1回	1
計	17

12-4-2 アンケート調査（回答館数）

		国立	公立	私立	その他	計
中央館	大学	12	2	15		29
	短大					0
	高専	1				1
	その他					0
小計		13	2	15	0	30
中央館以外	大学	10		2		12
	短大					0
	高専					0
小計		10	0	2	0	12
計		23	2	17	0	42

12-4-2 アンケート実施頻度

不定期	13
年1回	11
数年に1回	3
2年毎	2
過去1回	2
年3回	2
年2回	1
計	34

12-4-3 その他（回答館数）

		国立	公立	私立	その他	計
中央館	大学	1		5		6
	短大					0
	高専	1				1
	その他					0
小計		2	0	5	0	7
中央館以外	大学	1		1		2
	短大					0
	高専					0
小計		1	0	1	0	2
計		3	0	6	0	9

12-4-3 留学生等の図書館ニーズ把握（その他）

・図書館独自ではおこなっていないが，学校全体でアンケート調査をしている。

・購入希望書籍を随時募集している。

・図書館 HP から，オンライン購入申込ができます。また，「図書・DVD 購入希望申込書（学生用）」を国際交流センター，留学生コーナーへ配置しました。

・日本語指導の教員へ，留学生対応の新聞・雑誌の購読希望について問い合わせ，留学生からの意見をとりまとめてもらった。

・2014 年度ジュニア TA へのヒアリングに留学生も 1 名参加していた。

・SD セミナー（授業）で，実際，図書館を利用してもらい意見・要望を聞く。ご意見・要望書の用意。

・留学生は少数だがほぼ全員，図書館サポーターとしてアルバイトしてもらっている。その中で留学生の要望等を聞くことも多々ある。

・留学生学生アルバイトとの定期ミーティングにより図書館ニーズを探り，サービス向上に心がけている。

・履歴データを利用した利用状況調査。

12-4-4 調査報告書等（回答館数）

		国立	公立	私立	その他	計
中央館	大学	3		5		8
	短大					0
	高専					0
	その他					0
小計		3	0	5	0	8
中央館以外	大学					0
	短大					0
	高専					0
小計		0	0	0	0	0
計		3	0	5	0	8

12-4-4 調査報告書等

城西大学水田記念図書館 "図書館サービス向上のためのアンケート 2013 年度調査結果"「城西大学
　水田記念図書館　図書館統計・アンケート結果」
　http://libopac.josai.ac.jp/guide/statistics.htm（参照 2017-02-11）

金沢大学附属図書館 "附属図書館留学生アンケート集計結果と分析"「金沢大学学術情報リポジト
　リ」2012-12-14.
　http://hdl.handle.net/2297/33006（参照 2017-02-11）

守本瞬 "アンケートに基づく金沢大学附属図書館の留学生向けサービス"『医学図書館』　60(4),
　2013, p.394-397.

広島大学図書館 "平成 27 年度広島大学図書館利用者アンケート報告書"「広島大学図書館　図書館
　利用者アンケート」2016-04-19.
　http://www.lib.hiroshima-u.ac.jp/?action=common_download_main&upload_id=1355
　（参照 2017-02-11）

東京外国語大学附属図書館 "東京外国語大学附属図書館学生アンケート結果(平成 26 年度)"「東
　京外国語大学附属図書館　規程, 報告書等」
　http://www.tufs.ac.jp/library/gaiyo/kitei/enquete_H26ND.pdf（参照 2017-02-11）

2.13 情報源

> （情報源）問１３　留学生に対する図書館サービスを実施するうえで参考にする知識や情報は，どこから得ていますか(複数回答可)。

13-1 情報源：IFLA（国際図書館連盟）

		国立	公立	私立	その他	計
中央館	大学	6	1	40	1	48
	短大		1	2		3
	高専	1				1
	その他	1				1
小計		8	2	42	1	53
中央館以外	大学	4	2	7		13
	短大			1		1
	高専					0
小計		4	2	8	0	14
計		12	4	50	1	67

13-2 情報源：日本図書館協会

		国立	公立	私立	その他	計
中央館	大学	30	18	139	2	189
	短大		1	21		22
	高専	21	1			22
	その他	1				1
小計		52	20	160	2	234
中央館以外	大学	30	8	18		56
	短大			1		1
	高専					0
小計		30	8	19	0	57
計		82	28	179	2	291

13-3 情報源：大学図書館の連合体

		国立	公立	私立	その他	計
中央館	大学	49	23	205	2	279
	短大		3	16		19
	高専	13	1	1		15
	その他	4				4
小計		66	27	222	2	317
中央館以外	大学	40	8	31		79
	短大			1		1
	高専		1			1
小計		40	9	32	0	81
計		106	36	254	2	398

13-4 情報源：諸団体の出版物・ウェブサイト

		国立	公立	私立	その他	計
中央館	大学	43	15	113	1	172
	短大		3	13		16
	高専	11				11
	その他	1				1
小計		55	18	126	1	200
中央館以外	大学	39	3	21		63
	短大			1		1
	高専		1			1
小計		39	4	22	0	65
計		94	22	148	1	265

13-5 その他

		国立	公立	私立	その他	計
中央館	大学	10	10	49		69
	短大			6		6
	高専	9		1		10
	その他					0
小計		19	10	56	0	85
中央館以外	大学	23		10		33
	短大					0
	高専		1			1
小計		23	1	10	0	34
計		42	11	66	0	119

13-6 参考となる情報源（回答館数）

		国立	公立	私立	その他	計
中央館	大学	6	6	16		28
	短大			1		1
	高専	2				2
	その他					0
小計		8	6	17	0	31
中央館以外	大学	13		3		16
	短大					0
	高専					0
小計		13	0	3	0	16
計		21	6	20	0	47

13-6 参考となる情報源（内容によって分類して集計した）

名古屋大学（*1）	21
他大学の事例等	11
学内他部署	5
図書館員のための英会話ハンドブック（*2）	2
海外ウェブサイト	2
GACoS（東京大学）（*3）	1
JICA 関西の HP, 配布資料	1
カレントアウェアネス（国立国会図書館）	1
ウェブサイト	1
研修	1
留学生にたずねる	1
計	47

*1　名古屋大学

名古屋大学附属図書館．"大学図書館英会話集：名古屋大学中央図書館カウンターでの対応"「名古屋大学学術機関リポジトリ」2012-03-21．

　http://hdl.handle.net/2237/16378（参照 2017-02-11）

*2　図書館員のための英会話ハンドブック

古林洽子[ほか]著『図書館員のための英会話ハンドブック　国内編』日本図書館協会, 1996. 241p.

京藤松子[ほか]著『図書館員のための英会話ハンドブック　海外旅行編』日本図書館協会, 1991.

　185p.

*3　GACoS（東京大学）

東京大学本部情報基盤課学術情報チーム学術情報リテラシー担当「GACoS」

　http://www.dl.itc.u-tokyo.ac.jp/gacos/index.html　（参照 2017-02-11）

2.14 課題

> （課題）問14
> 1）留学生等へのサービスで，特に課題となっていることがありますか。
> 2）「ある」場合，どのような点が課題となっていますか（複数回答可）。(N=923)

14-1 課題

		国立 ある	国立 ない	国立 小計	公立 ある	公立 ない	公立 小計	私立 ある	私立 ない	私立 小計	その他 ある	その他 ない	その他 小計	計
中央館	大学	67	18	85	25	37	62	156	269	425	1	2	3	575
	短大			0	1	7	8	17	73	90			0	98
	高専	15	28	43		1	1		2	2			0	46
	その他	4	1	5			0			0			0	5
小計		86	47	133	26	45	71	173	344	517	1	2	3	724
中央館以外	大学	71	35	106	10	8	18	27	41	68			0	192
	短大			0			0		5	5			0	5
	高専		1	1	1		1			0			0	2
小計		71	36	107	11	8	19	27	46	73	0	0	0	199
計		157	83	240	37	53	90	200	390	590	1	2	3	923

課題（国立大学・公立大学・私立大学の中央館）

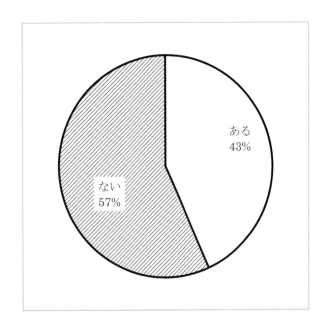

14 回答館が「特に課題である」ととらえている課題の数

「0」は課題無しと回答した館，「1」は課題を1つ選択した館。

国立		0	1	2	3	4	5	6	7	8	9	10	11	12	館数	課題	平均
中央館	大学	17	12	13	12	12	6	8	2		4				86	250	2.91
	短大														0	0	
	高専	28	6	2	4	2		1							43	36	0.84
	他	1		2				1	1						5	17	3.40
小計		46	18	17	16	14	6	10	3	0	4	0	0	0	134	303	2.26
中央館以外	大学	39	9	12	18	9	11	10	2	1					111	260	2.34
	短大														0	0	
	高専	1													1	0	
小計		40	9	12	18	9	11	10	2	1	0	0	0	0	112	260	2.32
計		86	27	29	34	23	17	20	5	1	4	0	0	0	246	563	2.29

公立		0	1	2	3	4	5	6	7	8	9	10	11	12	館数	課題	平均
中央館	大学	39	6	5	4	2	1	4	4	1					66	101	1.53
	短大	7				1									8	4	0.50
	高専	1													1	0	
	他														0	0	
小計		47	6	5	4	3	1	4	4	1	0	0	0	0	75	105	1.40
中央館以外	大学	8	1	1	4		3	1							18	36	2.00
	短大														0	0	
	高専				1										1	3	3.00
小計		8	1	1	5	0	3	1	0	0	0	0	0	0	19	39	2.05
計		55	7	6	9	3	4	5	4	1	0	0	0	0	94	144	1.53

私立		0	1	2	3	4	5	6	7	8	9	10	11	12	館数	課題	平均
中央館	大学	276	24	36	26	29	18	13	9	4	3	1	1	4	444	649	1.46
	短大	75	4	4	3	3	1	1	1					1	93	63	0.68
	高専	2													2	0	
	他														0	0	
小計		353	28	40	29	32	19	14	10	4	3	1	1	5	539	712	1.32
中央館以外	大学	41	3	5	6	5	1	4		1		1		2	69	122	1.77
	短大	5													5	0	
	高専														0	0	
小計		46	3	5	6	5	1	4	0	1	0	1	0	2	74	122	1.65
計		399	31	45	35	37	20	18	10	5	3	2	1	7	613	834	1.36

その他		0	1	2	館数	課題	平均
中央館	大学	2		1	3	2	0.67
	短大				0	0	
	高専				0	0	
	その他				0	0	
小計		2	0	1	3	2	0.67
中央館以外	大学				0	0	
	短大				0	0	
	高専				0	0	
小計		0	0	0	0	0	
計		2	0	1	3	2	0.67

14-2-1 予算（人件費）の獲得

		国立	公立	私立	その他	計
中央館	大学	11	3	25		39
	短大			2		2
	高専	2				2
	その他	2				2
小計		15	3	27	0	45
中央館以外	大学	13	1	5		19
	短大					0
	高専					0
小計		13	1	5	0	19
計		28	4	32	0	64

14-2-2 予算（資料費）の獲得

		国立	公立	私立	その他	計
中央館	大学	24	6	33		63
	短大			6		6
	高専	7				7
	その他	1				1
小計		32	6	39	0	77
中央館以外	大学	26	2	7		35
	短大					0
	高専		1			1
小計		26	3	7	0	36
計		58	9	46	0	113

14-2-3 分掌上の位置づけ

		国立	公立	私立	その他	計
中央館	大学	2	2	18		22
	短大			1		1
	高専					0
	その他					0
小計		2	2	19	0	23
中央館以外	大学		1	4		5
	短大					0
	高専		1			1
小計		0	2	4	0	6
計		2	4	23	0	29

14-2-4 マニュアルの整備

		国立	公立	私立	その他	計
中央館	大学	23	10	77		110
	短大			6		6
	高専	4				4
	その他	2				2
小計		29	10	83	0	122
中央館以外	大学	33	3	12		48
	短大					0
	高専		1			1
小計		33	4	12	0	49
計		62	14	95	0	171

14-2-5 担当部局との連携

		国立	公立	私立	その他	計
中央館	大学	25	9	59		93
	短大			3		3
	高専					0
	その他					0
小計		25	9	62	0	96
中央館以外	大学	22	2	7		31
	短大					0
	高専					0
小計		22	2	7	0	31
計		47	11	69	0	127

14-2-6 新聞・雑誌の不足

		国立	公立	私立	その他	計
中央館	大学	10	5	32		47
	短大		1	4		5
	高専					0
	その他	1				1
小計		11	6	36	0	53
中央館以外	大学	7	2	6		15
	短大					0
	高専					0
小計		7	2	6	0	15
計		18	8	42	0	68

14-2-7 資料全般の不足

		国立	公立	私立	その他	計
中央館	大学	22	10	57	1	90
	短大		1	9		10
	高専	10				10
	その他	1				1
小計		33	11	66	1	111
中央館以外	大学	19	3	9		31
	短大					0
	高専					0
小計		19	3	9	0	31
計		52	14	75	1	142

14-2-8 母国情報の不足

		国立	公立	私立	その他	計
中央館	大学	6	5	31		42
	短大			5		5
	高専	2				2
	その他					0
小計		8	5	36	0	49
中央館以外	大学	5	1	7		13
	短大					0
	高専					0
小計		5	1	7	0	13
計		13	6	43	0	62

14-2-9 要望の把握

		国立	公立	私立	その他	計
中央館	大学	37	15	92	1	145
	短大		1	8		9
	高専	4				4
	その他	1				1
小計		42	16	100	1	159
中央館以外	大学	40	6	15		61
	短大					0
	高専					0
小計		40	6	15	0	61
計		82	22	115	1	220

14-2-10 利用案内等の整備

		国立	公立	私立	その他	計
中央館	大学	36	17	102		155
	短大		1	10		11
	高専	4				4
	その他	4				4
小計		44	18	112	0	174
中央館以外	大学	35	8	22		65
	短大					0
	高専					0
小計		35	8	22	0	65
計		79	26	134	0	239

14-2-11 カウンター対応の整備

		国立	公立	私立	その他	計
中央館	大学	45	16	100		161
	短大			7		7
	高専	3				3
	その他	4				4
小計		52	16	107	0	175
中央館以外	大学	55	7	22		84
	短大					0
	高専					0
小計		55	7	22	0	84
計		107	23	129	0	259

14-2-12 館内の合意の形成

		国立	公立	私立	その他	計
中央館	大学	2	3	12		17
	短大			1		1
	高専					0
	その他					0
小計		2	3	13	0	18
中央館以外	大学			3		3
	短大					0
	高専					0
小計		0	0	3	0	3
計		2	3	16	0	21

14-2-13 その他

		国立	公立	私立	その他	計
中央館	大学	7		11		18
	短大			1		1
	高専					0
	その他	1				1
小計		8	0	12	0	20
中央館以外	大学	5		3		8
	短大					0
	高専					0
小計		5	0	3	0	8
計		13	0	15	0	28

14-2-13　留学生サービスの課題（その他の具体例）

職員の語学力	7	業務指針作成	1
英語対応	6	広報	1
ガイダンス	2	宗教上の配慮	1
予算確保	2	ウェブサイトの多言語化	1
利用ルールの周知	2	利用者対応	1
留学生のサポート	1	利用促進	1
館内サインの改善	1	計	27

14-2 大学・中央館のみの回答（特に課題であると考える館数順）

	国立	公立	私立	その他	計
14-2-11 カウンター対応	45	16	100		161
14-2-10 利用案内整備	36	17	102		155
14-2-9 要望把握	37	15	92	1	145
14-2-4 マニュアル整備	23	10	77		110
14-2-5 担当部局連携	25	9	59		93
14-2-7 資料全般不足	22	10	57	1	90
14-2-2 予算・資料費	24	6	33		63
14-2-6 新聞雑誌	10	5	32		47
14-2-8 母国情報不足	6	5	31		42
14-2-1 予算・人件費	11	3	25		39
14-2-3 分掌	2	2	18		22
14-2-13 その他	7		11		18
14-2-12 館内合意形成	2	3	12		17

2.15　特徴的なサービス

（特徴的なサービス）問15　留学生に向けた特徴的なサービスをおこなっておられました
ら，具体例をお答えください。また，特に効果のあった事例があれば，お書きください。

15　特徴的なサービス

利用支援を実施	11
コーナー設置	10
ガイダンスを実施	9
他部署と協力	7
資料の整備	5
講習会の実施	3
交流イベントの実施	2
日常的にコミュニケーションをとる	2
アルバイトとして雇用	1
モバイル機器の貸出	1
研修会の実施	1
貸出の実施	1
関連した展示を実施	1
トイレ使用イラスト作成により利用状況改善	1
計	55

2.16 その他

> (その他)問16　留学生サービス全般についてご意見がありましたら，お答えください。

16 その他（回答館数）

		国立	公立	私立	その他	計
中央館	大学	2	6	35		43
	短大			8		8
	高専	1				1
	その他	2				2
小計		5	6	43	0	54
中央館以外	大学	6		5		11
	短大					0
	高専					0
小計		6	0	5	0	11
計		11	6	48	0	65

・オリエンテーション等では資料に振り仮名をつけるなど対応をしてきてはいたが，これまで十分な要望の把握をしてこなかったことをこのアンケートを回答しながら感じました。今後，検討していければと思います。

・このアンケートでは，留学生サービスについて改めて考えさせられた。当館は，これまで留学生に対する特別なサービスは行なっていなかったが，アンケートから，いろいろな課題があることがわかった。今後は，できるところから対応し，留学生にとって利用しやすい図書館となるよう，支援体制を整えて行きたい。

・英語版の利用案内や Web サイトの作成は今年度の事業計画の1つです。

・現在，留学生は少ないが，今後は学部の方針として留学生を増やす計画があるので，図書委員会・学生生活委員会の教員，教務課・学生課の職員と相談して，留学生のための資料を集めたコーナーの設置，母国情報の提供，サービスの向上に努めたい。

・現状においては，新設間もなく，留学生の受け入れまでには至っていませんが，将来的には受け入れの検討準備をしていきたいと思っております。

・今後，留学生対応も検討したいと思っています。

・世界的にグローバル化が進行している中で，本学において留学生の受入れ人数は増加傾向にあり，今まで以上に留学生を意識したサービスを提供していきたいと考えています。

・本学では世界中の大学と学術交流協定を結んでおり，今後は留学生の増加が予想される。図書館の基本情報・サービスについては，多言語で整備する必要があると考えている。

・本学に長期留学している学生の多くは日本語会話ができる者である。一方，短期研修生についてはその状況にない。対非英語圏からの留学生へのサービスは課題であり，図書館スタッフが中国語，韓国語等を習得することも必要であると感じている。また，習慣の異なる各国の留学生にどのように対応していくかも今後の課題である。

・本学の留学生は全体で 5 名と少ないうえ，日常会話程度の日本語は不自由ないレベルのため特別な体制を整えることはしていません。また留学生からも図書館にたいして要望が提出されたこともありません。しかし今後ますます国際交流が盛んになっていくことを考えると留学生の増加も予想されるため，対応の検討を進めていくことが必要な時期であると思われます。

・本学は現在，外国籍や外国で育った学生が在籍しているが，留学ビザでの留学生の受入はありません。今後は受け入れる可能性が見込まれるので，簡単な英語による図書館利用案内の作成等に取り組む必要があると考えています。また，資料収集に関しては日本事情，日本文化などの資料を所蔵していますが，今後は日本語学習などを含め充実していきたいと考えています。

・留学生はメールを使うために，図書館の医学生専用情報機器コーナーの PC を使うことがあるが，閲覧室はほとんど利用されない。医科大学ということもあり，受入先の診療科で過ごす時間が長いと思われる。しかし，利用案内の整備は課題である。

・館種を越えた情報の共有。館内サイン作成のためのマニュアルやフォーマットのダウンロードができると良いと思います。

・現在，本学として，留学生の受入を積極的に取り組んでいるので，今後，図書館としても重要度が増してくると考えています。各大学の先進的な取り組みを紹介していただきたいと思います。

・先進的・特徴的なサービスを行っている図書館の紹介をしてほしい。

・他大学様のサービス事例等，参考にさせていただきたく思います。

・留学生数が極く少数のため，個々の状況に応じて担当教員と連係し対応している。本学のように留学生の極めて少ない小規模校における対留学生サービスのモデル例（マニュアル，事例等）があればありがたい。

・サービス（図書の収集を含む）の検討にあたっては，留学生の直接の声を聞くことが大切だと考えています。

・少人数ではあるが，毎年数名の留学生が入学しており，図書館として，留学生との意見交換会等を開いて要望を聞き取りする機会を作るのも必要ではないかと考えている。過去留学生がいなかったため，留学生対象のサービスが行われていなかったが，毎年留学生が入学している現状を踏まえ，他部署との連携，留学生のための資料収集などを通して，留学生対象のサービスをはじめることも，今後の図書館サービスの課題のひとつである。

・本学部の留学生は日本語のスキルが高く，日本人の学生と同じ資料を利用する場合が多く特に図書館からの選書を行わず，希望があれば個々に購入希望届を提出して頂き，調達申請を挙げて検討し提供しているのが現状であり，継続されてきた。今後は図書館が一歩踏み込んで積極的に留学生のニーズを把握し，留学生の利用者サービス向上に向けて検討していくことも1つの課題としていきたい。

・今回の調査に回答して，当館が留学生対応をほとんどしていないことを実感した。以前外国語の利用案内を作成したことがあったが，更新されなかったため現在では日本語のみの状態である。　本学の留学生は，入学にあたり日本語の会話・読み書きができることが条件なので，図書館員はたいていの意思の疎通ができる。そのためあまり危機感を持ちにくいところがある。ただし，きめ細かな要望や必要に対応できているかどうかは不明。困りごとは，留学生同士で助け合っているようで，それ以上のことは国際交流センターや教員が対応している。　まず外国語の利用案内の作成と，国際交流センターや指導教員との連携が最初の課題であると考える。

・今後，学内の国際担当部署との更なる連携が必要。

・留学生の資料未返却があった場合，帰国等で卒業後は日本にいない可能性が高いことが予想されます。その場合，資料を返却してもらえる可能性は（督促なども困難であろうことから）皆無であると思われますし，そのような事態を防ぐためにも国際交流センターなどの関係部署との連絡体制の強化が課題であるといえるのではないでしょうか。

・ここ数年，在籍する留学生がいないため，サービスの充実などに取り組むことができておりません。

・以前より英語で授業を行っている学科があるため，「留学生」というカテゴリーで学生のサービスを考えたことはありません。たまたま日本語が苦手と言う学生に応じたサービスをしております。

・意見ではありませんが，当図書室はアメリカとオーストラリアの研究図書室で，学外者の利用も可能なので，英語でしたら一通りの対応は行えます。

・外国人利用者が多いので，留学生サービスを日本人学生と区別して特別視していない。

・学生を中心に図書館利用の形態はPC利用に傾きつつあるという現状がある。留学生も例に漏れず，図書館のPCコーナーを利用しているようである。オンラインジャーナルやデータベースでは，英欧文の逐次刊行物や論文等を参照することが可能である。PCサービスの充実化が留学生サービスの向上につながると考えられる。

・基本的には日本語検定合格者を受け入れており，図書は和書か洋書以外に購入はしていない。目録業務では図書館システムが多言語に対応していない。また多言語に対応できるスタッフもいない。以上のことから，特に必要性を感じていない。日本語教育の教員が留学生対象に図書館ガイダンスを積極的に行ってくれているので，助かっている。

・原則として，本学の「留学生教育センター」で日本語研修を経て専門課程に入学してくるので，留学生に対し特別な配慮はしていない。図書資料等も特に留学生用と区分をしていない。

・言語が通じない時にはニーズの把握も難しく，サービスにならないことがある。選書についても，英語の図書がやっとで，他の言語については困難。

・国際交流センターが全般においてきめ細かい世話を行っており，図書館に出番があまりないのが実情です。

・今のところ日本語の習熟度の高い留学生が入学してくるので，特に日本人学生とサービスの区別はしていません。

・今回のアンケートで，留学生へのサービスを考えてこなかったことを痛感した。

・資料が少なくても，留学生に利用してもらうために，留学生コーナー付近を整理整頓することを非常に心掛けている。

・所蔵資料のほとんどが洋書のため，日本語資料が不足しているとの要望は特にない。また，留学生も一定水準以上の日本語能力を有する学生であり，必要に応じて授業その他で資料を配布しているため，日本語学習に関する資料が不足しているとの要望は特にない。但し，回答者が勤務してから2年半の間の状況で，それ以前は不明です。

・専任教職員や留学生（短期除く）は，日本語の講義を理解できる事が前提であるため，留学生サービスは優先順位としてかなり下になってしまいます。

・対象となる留学生は必ず研究室に配属されており，所内研究室の一員としてのサービスを提供するよう心掛けております。ちなみに図書室利用上での留学生とのコミュニケーションは日本語，英語で対応可能です。

・当該アンケートの回答は，確実回答できるものについてのみ，記入いたしました。現在，図書館として，留学生ということを考慮しての特別な対応は実施しておりません。ただし，特例として，ここ数年，留学生を多く抱えるゼミの教員からの要請で1時間程度の情報検索ガイダンスを実施しています。

・当室は研究所図書室で，留学生等もすべて院生以上の研究者であるため，英語の語学力や年齢について，学部図書室などにおける「学生」というくくりでの留学生対応とは異なる面があると思われる。問4についても，もともと当室の主たる収集資料が英語の学術書であるため，留学生向け，日本人向けという区別はしづらい。

・当室を利用するのは日本語に不自由しない方ばかりだったため，留学生サービスについて検討する機会もなかった。

・日本語学校を卒業して入学する学生がほとんどなので日本語の読み書きがよくできる。日本のことを学びたくて留学しているので，勉強のためにもあえて母語で対応せず，日本語で丁寧にわかりやすく対応するように心がけている。

・本学では，別途北東アジア地域研究センター（通称 NEAR センター）が設置されており，大学院留学生の図書利用，購入その他各種の助言はセンターおよびセンター付設の図書室で主に実施しています。また，本学の学部留学生（主に「交流県留学生」）は入学時の日本語能力が高く，図書館利用に特別な配慮は必要ないと考えています。その他の支援として，留学生等（学部，院，研究生，客員研究員等）に PC の貸出を大学が行っており，設定やネットワーク利用の支援を図書情報課が行っています。

・本学では日本語での就学が可能な留学生を受入れることが原則となっています。日本語が堪能でない学生については受け入れ教員が仲立ちとなり，図書館利用を成立させています。本アンケートはそうした前提で回答を作成しており，一般利用者を含む外国籍の利用者対応をしていないというわけではないことを申し添えます。

・本学には，日本人学生と留学生との交流，留学生の母国の情報，留学情報誌などを置いている施設「アジア村」があります。また，本学では英語，中国語，韓国語に堪能な職員が常駐している留学生課が，中央館とラーニングコモンズの近くにあり，留学生に関する

問題にすぐに対応できる体制です。

・本学には，母国語での対応が必要な留学生はほとんどいないため，留学生への特別なサービスは行っていない。

・本学には留学生がいないため留学生サービスとしては実施しておりませんが環境としては多言語に対応できる教職員がいて個別対応が可能です。

・本学に留学してこられる学生は日本語能力に問題のない方ばかりですので，現在は一般の学生と同様に対応しています。一般の学生とともに学生図書館サポーターとして図書館活動に参加してくれる留学生もいます。現在，長期留学生に向けに「日本文化を知るための資料」を準備しているところで，専用のコーナーを設けて排架する予定です。短期留学生と言う項目で記入した約 50 名については，語学研修プログラムで 2 週間から 1 か月程滞在する学生です。滞在期間が短く他のプログラムも多く図書館を利用する機会がほとんどない状態というのが現状です。

・本学の留学生は，一定レベルの日本語を習得したうえで入学してくるので，現在のところはそれほど必要に感じない。

・本学の留学生は日本語能力が高く，特に留学生用に何かをするといったことは実施しておりません。

・本学の留学生入学試験では「日本語」がある程度理解できる留学生を選抜している。従って，日本人学生と同等の扱いをしているため特別なことを行う必要を感じない。逆に「留学生だから」という区分や特別扱いをしないように配慮し，日本人学生と同様に扱うことで公平な立場で留学生が主義主張できるようにしている。特にアンケートや要望も日本人学生と一緒に執り行っている。

・本学は，保育学科のみとなった現在，留学生はおりませんが，コミュニケーション学科として留学生を受け入れていた時は，進路指導課の選書により日本語能力試験や編入学や就職のための参考書等資料を提供していました。小規模短大なので，図書館員が留学生や教員に話を聞き，高校の教科書を置くなど，可能な範囲でのサービスが出来たと思います。

・本学はこれまでに留学生の在籍がほぼ無いため，専門の図書館サービスが整っておらず，優先順位も低いのが現状である。今年度 1 名の入学があったが，図書館の利用は今のところほとんど無い。留学生に対応できる専門スタッフもいない状況で，どこまで整えていくか難しい問題である。

・本学は留学生が少ないうえ，日常会話レベルの日本語を使える学生が多く，これまで外

国語対応を迫られる機会がありませんでした。今回の調査が，有事に備える必要性を考えるきっかけになりました。

・本学は留学生の数が少なく，また，留学生担当教員が図書館の利用の仕方やリクエストの存在を留学生へ教えてくれ，また，カウンターの職員も英語を話せるため，今のところ特に利用に不自由は感じていないと思う。少人数ゆえ，比較的本のリクエストや図書館設備の利用には応対できていると感じている。しかし，留学生利用者の潜在的要望をくみ取る機会は必要であると思うが，人員不足・予算不足のため難しい状況である。

・本校への留学生は，日本語の学習を行った上で留学しており留学後も日本語・日本事情等の留学生対応の授業を受講し，学生課で支援を行っているため，図書館で特別な対応をしていない。他の学生と同様に個別に図書リクエストやレファレンス等の対応をしている。

・留学生は 1 ヶ月間の大学滞在で図書館は見学に限定されています。特に留学生の図書館利用はありません。

・留学生より要望が出されれば，その都度検討し，対処していきたいと思っています。

3．調査結果の分析（留学生等への図書館サービス）

　問1から問14について，国立大学・公立大学・私立大学の調査結果の概要をまとめた。また，可能な範囲で前回調査（1998年調査）との比較をおこなった。なお，1998年調査は，大学・短大・高専を含む数字なので，2015年調査も大学・短大・高専等を含んだ数字で比較した。

> （サービス対象者数）（※中央館のみ回答）問1　大学全体の留学生・外国人研究者数を大学概要等の最新の統計に基づいて回答してください。

2015年調査	国立	公立	私立	計
学部学生数	452,240	130,955	1,614,364	2,197,559
学部留学生数	6,331	1,281	32,799	40,411
留学生の割合	1.4%	1.0%	2.0%	1.8%
大学院生数	148,718	14,530	67,327	230,575
大学院留学生数	21,847	1,405	10,678	33,930
留学生の割合	14.7%	9.7%	15.9%	14.7%
短期留学生数	8,638	810	6,948	16,396
外国籍教員数	5,817	580	6,005	12,402

　学部学生に占める留学生の割合は平均2%。大学院生に占める留学生の割合は平均15%。

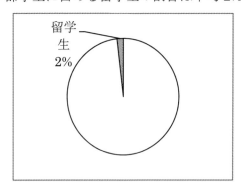
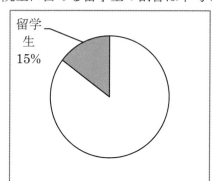

（業務指針）問2

1）留学生等へのサービスの根拠となる業務指針等がありますか。

2）「ある」場合，どのようなものがありますか（複数回答可）。

業務指針がある大学は，中央館の回答によれば，全体の約5%。回答館数は，1998年調査よりも減少している。

中央館		国立	公立	私立	計
		86	66	444	596
ある		7	4	17	28
		8.1%	6.1%	3.8%	4.7%
	事務分掌規程	0	1	2	3
	選書方針	4	1	7	12
	利用規程	2	3	11	16
	業務マニュアル	1	1	6	8
	その他	0	1	2	3

分館含む		国立	公立	私立	計
		197	84	513	794
ある		21	6	22	49
		10.7%	7.1%	4.3%	6.2%
	事務分掌規程	0	1	2	3
	選書方針	6	1	9	16
	利用規程	14	4	15	33
	業務マニュアル	2	1	8	11
	その他	1	2	3	6

業務指針がある

	1998	2015	前回比
国立	30	24	80%
公立	1	6	600%
私立	56	23	41%
計	87	53	61%

業務指針がある（全体に占める割合）

	1998	2015	前回比
国立	11.8%	12.2%	103.4%
公立	1.3%	7.1%	546.2%
私立	9.3%	4.5%	48.4%

業務指針等の内容

	1998	2015	前回比
事務分掌規程	17	6	35.3%
選書方針	28	16	57.1%
利用規程	37	34	91.9%
業務マニュアル	4	11	275.0%
その他	12	6	50.0%
計	98	73	74.5%

（他部局との連携）問3

1）留学生等へのサービスに関して，他部局等と協議・協力することがありますか。

2）「ある」場合，どれぐらいの頻度でおこなっていますか。また，協力事例として具体的な
ものがありましたら，最近2年間の間におこなっていることをお答えください。

中央館		国立	公立	私立	計
		86	66	444	596
ある		53	14	132	199
		61.6%	21.2%	29.7%	33.4%
	定期的	19	2	32	53
		22.1%	3.0%	7.2%	8.9%
	不定期	29	10	93	132
		33.7%	15.2%	20.9%	22.1%

他部局等と協議・協力して
いる大学は，中央館の回答に
よれば，全体のほぼ 1/3。定
期的な協議をもっている館
は，1998年調査に比べ，10
倍になっている。

分館含む		国立	公立	私立	計
		197	84	513	794
ある		81	14	156	251
		41.1%	16.7%	30.4%	31.6%
	定期的	30	2	38	70
		15.2%	2.4%	7.4%	8.8%
	不定期	46	10	106	162
		23.4%	11.9%	20.7%	20.4%

無回答があるため，「定期
的」と「不定期」の合計は，
「他部局等と協議」のある館
数と一致しない。

定期的にある（館数）

	1998	2015	前回比
国立	3	32	1067%
公立	0	2	-
私立	4	39	975%
計	7	73	1043%

定期的にある（全体に占める割合）

	1998	2015	前回比
国立	1.2%	16.2%	1350%
公立	0	2.4%	-
私立	0.7%	7.6%	1086%

不定期にある（館数）

	1998	2015	前回比
国立	38	56	147%
公立	4	10	250%
私立	88	112	127%
計	130	178	137%

不定期にある（全体に占める割合）

	1998	2015	前回比
国立	15.0%	28.4%	189%
公立	5.3%	11.9%	225%
私立	14.6%	21.8%	149%

（資料）問4

1）留学生のための資料を収集・提供していますか。

2）「収集している」場合，1年あたり何冊収集していますか（回答は概数で結構です）。

3）「収集・提供している」場合，どのような資料・情報を収集していますか。概数で結構ですので冊数を記入してください（1年あたりの収集冊数ではなく，蔵書冊数をお答えください）。

4）留学生のための資料を集めて排架しているコーナーがありますか（他の資料と混排している場合は「ない」を選択してください）。

留学生のための資料を収集している館は，中央館の回答によれば約40%。ただし，国立大学だけに限れば約77%。留学生のためのコーナーの設置率は，約21%だが，国立大学だけに限れば64%。

1998年調査と比べると，資料を収集している館は89%になっているが，専用コーナーを設置している館は65%増加している。

中央館		国立	公立	私立	計
		86	66	444	596
収集している		66	12	150	228
		76.7%	18.2%	33.8%	38.3%
	年間収集冊数	5,270	350	54,006	59,626
	平均収集冊数	80	29	360	262

中央館		国立	公立	私立	計	
蔵書冊数	日本語学習	15,669	2,246	32,633	50,548	15.0%
	日本事情	10,217	943	38,711	49,871	14.8%
	生活情報	1,101	5	2,827	3,933	1.2%
	母国情報	480	35	14,375	14,890	4.4%
	専門教育	3,505	0	10,023	13,528	4.0%
	その他	2,264	70	2,899	5,233	1.6%
	区分していない	66,814	20	131,703	198,537	59.0%
	計	100,050	3,319	233,171	336,540	
	一館当りの冊数	1,163	50	525	565	

留学生のための資料を集めて排架しているコーナーがありますか

中央館	国立	公立	私立	計
	86	66	444	596
ある	55	2	68	125
	64.0%	3.0%	15.3%	21.0%

分館含む		国立	公立	私立	計
		197	84	513	794
収集している		117	16	167	300
		59.4%	19.0%	32.6%	37.8%
	年間収集冊数	7,844	675	55,325	63,844
	平均収集冊数	67	42	331	213

分館含む		国立	公立	私立	計	
蔵書冊数	日本語学習	21,317	3,846	34,943	60,106	10.7%
	日本事情	13,717	1,443	39,956	55,116	9.8%
	生活情報	1,260	15	2,839	4,114	0.7%
	母国情報	581	37	14,477	15,095	2.7%
	専門教育	62,280	15,100	18,451	95,831	17.0%
	その他	3,194	70	3,715	6,979	1.2%
	区分していない	91,910	8,882	226,149	326,941	57.9%
	計	194,259	29,393	340,530	564,182	
	一館当りの冊数	986	350	664	711	

留学生のための資料を集めて排架しているコーナーがありますか

分館含む	国立	公立	私立	計
	197	84	513	794
ある	86	3	79	168
	43.7%	3.6%	15.4%	21.2%

収集している（館数）

	1998	2015	前回比
国立	125	141	113%
公立	17	18	106%
私立	251	191	76%
計	393	350	89%

収集している（全体に占める割合）

	1998	2015	前回比
国立	49.3%	71.6%	145%
公立	22.3%	21.4%	96%
私立	41.5%	37.2%	90%

専用コーナーを設けている（館数）

	1998	2015	前回比
国立	66	108	164%
公立	1	3	300%
私立	51	84	165%
計	118	195	165%

専用コーナー（全体に占める割合）

	1998	2015	前回比
国立	52.8%	54.8%	104%
公立	5.9%	3.6%	61%
私立	20.3%	16.4%	81%

留学生のための資料の収集有無と専用コーナー設置有無との関係（中央館・2015 調査）

	収集	収集なし	無回答	計
専用コーナーを設置	121	4	0	125
専用コーナーはない	106	337	1	444
無回答	1	22	4	27
計	228	363	5	596

（目録）問5　多言語資料の目録作成に対応していますか。
（図書館システム）
（多言語資料の目録作成ができる人材）

　図書館システムが多言語資料の目録作成に対応しているのは，中央館の回答によれば，約46%。
国立大学に限れば約80%。多言語資料の目録が作成できる人材が「いない」という回答が全体の約
35%，「不十分」が約36%で合計7割を超える。

　ただし，いずれの回答も回答者の主観による。「システムは概ね対応している／人材は概ね揃っ
ている」と回答していても，その「概ね」が，「英語・ドイツ語・フランス語・ロシア語」なのか，
「中国語・韓国語」を含むのか，「タイ語・アラビア語」を含むのか，あるいは，それ以上の言語
への対応を含むのかが不明確。

　無回答があるので，回答数の合計と図書館数とは一致しない。

中央館		国立	公立	私立	計
		86	66	444	596
図書館システム	対応している	69	28	177	274
		80.2%	42.4%	39.9%	46.0%
	概ね対応している	12	20	109	141
		14.0%	30.3%	24.5%	23.7%
	対応していない	4	17	157	178
		4.7%	25.8%	35.4%	29.9%
目録作成ができる人材	揃っている	7	2	17	26
		8.1%	3.0%	3.8%	4.4%
	概ね揃っている	29	14	94	137
		33.7%	21.2%	21.2%	23.0%
	不十分	38	28	152	218
		44.2%	42.4%	34.2%	36.6%
	いない	11	20	178	209
		12.8%	30.3%	40.1%	35.1%

	分館含む	国立	公立	私立	計
		197	84	513	794
図書館システム	対応している	164	36	218	418
		83.2%	42.9%	42.5%	52.6%
	概ね対応している	22	28	129	179
		11.2%	33.3%	25.1%	22.5%
	対応していない	10	19	164	193
		5.1%	22.6%	32.0%	24.3%
目録作成ができる人材	揃っている	25	4	22	51
		12.7%	4.8%	4.3%	6.4%
	概ね揃っている	54	16	117	187
		27.4%	19.0%	22.8%	23.6%
	不十分	81	39	166	286
		41.1%	46.4%	32.4%	36.0%
	いない	33	23	205	261
		16.8%	27.4%	40.0%	32.9%

（検索）問6　蔵書検索システムは多言語検索に対応していますか。

無回答があるので，回答数の合計と図書館数とは一致しない。

中央館	国立	公立	私立	計
	86	66	444	596
対応している	61	26	144	231
	70.9%	39.4%	32.4%	38.8%
概ね対応している	21	25	143	189
	24.4%	37.9%	32.2%	31.7%
対応していない	4	14	156	174
	4.7%	21.2%	35.1%	29.2%

分館含む	国立	公立	私立	計
	197	84	513	794
対応している	148	35	182	365
	75.1%	41.7%	35.5%	46.0%
概ね対応している	38	33	165	236
	19.3%	39.3%	32.2%	29.7%
対応していない	11	15	164	190
	5.6%	17.9%	32.0%	23.9%

図書館システムと蔵書検索システムの多言語対応（中央館の回答）

		図書館システムは，多言語資料の目録作成に			
		対応	概ね対応	未対応	計
蔵書検索システムは，多言語検索に	対応	214	11	6	231
	概ね対応	47	118	24	189
	未対応	14	12	150	176
	計	275	141	180	596

（日本語以外の言語による情報提供）問7

1）日本語以外の言語で書かれた利用案内を作成していますか。

2）「作成している」場合，作成している言語はどれですか（複数回答可）。

3）日本語以外の言語で書かれたウェブサイトを作成していますか。

4）「作成している」場合，作成している言語はどれですか（複数回答可）。

5）日本語以外の言語で書かれた館内掲示類（出入口，貸出カウンター，各フロアの配置図等）
　　を作成していますか（日本語との併記を含みます）。

6）「作成している」場合，作成している言語はどれですか（複数回答可）。

7）上記の他に留学生向けに情報提供している具体例がありましたらお答えください。

　　中央館の回答によれば，「利用案内作成」「ウェブサイト作成」「館内掲示類作成」ともに平均 2
～3 割の館で実施。ただし，国立大学に限れば，ほぼ 7 割の館で実施。多くの館が英語の対応のみ。

　　1998 年調査と比べると「利用案内作成」館数は 49%増，「ウェブサイト作成」館数は 2 倍，「館
内掲示類作成」館数は 84%増。

　　中央館の回答によれば，「利用案内」「ウェブサイト」「館内掲示」の全ての方法で情報提供して
いる館は全体の約 1 割。3 つの方法のいずれの方法でも情報提供していない館は全体の約 5 割。

中央館		国立	公立	私立	計	実施館に占める割合
		86	66	444	596	
利用案内作成		58	13	84	155	
		67.4%	19.7%	18.9%	26.0%	
作成言語	英語	58	13	81	152	98%
	韓国・朝鮮語	8	0	9	17	11%
	中国語	10	0	21	31	20%
	その他の言語	2	0	0	2	1%
ウェブサイト作成		62	24	81	167	
		72.1%	36.4%	18.2%	28.0%	
作成言語	英語	61	24	81	166	99%
	韓国・朝鮮語	1	1	6	8	5%
	中国語	1	2	10	13	8%
	その他の言語	1	0	1	2	1%
館内掲示類作成		54	14	72	140	
		62.8%	21.2%	16.2%	23.5%	
作成言語	英語	54	14	67	135	96%
	韓国・朝鮮語	0	0	4	4	3%
	中国語	0	0	10	10	7%
	その他の言語	0	0	3	3	2%

分館含む		国立	公立	私立	計	実施館に占める割合
		197	84	513	794	
利用案内作成		132	14	107	253	
		67.0%	16.7%	20.9%	31.9%	
作成言語	英語	132	14	103	249	98%
	韓国・朝鮮語	20	0	14	34	13%
	中国語	15	0	27	42	17%
	その他の言語	3	0	1	4	2%
ウェブサイト作成		146	28	102	276	
		74.1%	33.3%	19.9%	34.8%	
作成言語	英語	145	28	102	275	100%
	韓国・朝鮮語	9	1	11	21	8%
	中国語	11	2	16	29	11%
	その他の言語	1	0	1	2	1%
館内掲示類作成		116	18	89	223	
		58.9%	21.4%	17.3%	28.1%	
作成言語	英語	116	17	83	216	97%
	韓国・朝鮮語	0	0	5	5	2%
	中国語	0	1	11	12	5%
	その他の言語	0	0	3	3	1%

利用案内の作成（館数）

	1998	2015	前回比
国立	79	137	173%
公立	6	15	250%
私立	91	110	121%
計	176	262	149%

利用案内（全体に占める割合）

	1998	2015	前回比
国立	31.1%	69.5%	223%
公立	7.9%	17.9%	227%
私立	15.1%	21.4%	142%

ウェブサイトの作成（館数）

	1998	2015	前回比
国立	60	154	257%
公立	7	29	414%
私立	59	106	180%
計	126	289	229%

ウェブサイト（全体に占める割合）

	1998	2015	前回比
国立	23.6%	78.2%	331%
公立	9.2%	34.5%	375%
私立	9.8%	20.7%	211%

館内掲示類の作成（館数）

	1998	2015	前回比
国立	46	124	270%
公立	5	18	360%
私立	77	94	122%
計	128	236	184%

館内掲示類（全体に占める割合）

	1998	2015	前回比
国立	18.1%	62.9%	348%
公立	6.6%	21.4%	324%
私立	12.7%	18.3%	144%

中央館の回答・2015調査

					割合
利用案内・作成	ウェブ作成	掲示○	157	96	71	12%
		掲示×			25	4%
		無回答			0	0%
	ウェブ未作成	掲示○		61	25	4%
		掲示×			35	6%
		無回答			1	0%
	ウェブ無回答	掲示○		0	0	0%
		掲示×			0	0%
		無回答			0	0%
利用案内・未作成	ウェブ作成	掲示○	438	72	17	3%
		掲示×			55	9%
		無回答			0	0%
	ウェブ未作成	掲示○		353	28	5%
		掲示×			320	53%
		無回答			5	1%
	ウェブ無回答	掲示○		13	0	0%
		掲示×			10	2%
		無回答			3	1%
利用案内・無回答	ウェブ作成	掲示○	4	0	0	0%
		掲示×			0	0%
		無回答			0	0%
	ウェブ未作成	掲示○		1	0	0%
		掲示×			1	0%
		無回答			0	0%
	ウェブ無回答	掲示○		3	0	0%
		掲示×			0	0%
		無回答			3	1%
計			599	599	599	

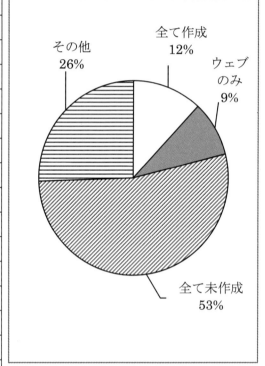

（利用支援）問8

1）留学生等を対象に図書館オリエンテーションや利用指導などをおこなっていますか。

2）「おこなっている」場合，おこなっている言語はどれですか（複数回答可）。

中央館の回答によれば，約3割の館で実施。国立大学に限れば約6割の館で実施。1998年調査と比べると，実施館数は約 2/3 になっている。

中央館		国立	公立	私立	計	実施館に占める割合
		86	66	444	596	
おこなっている		50	9	130	189	
		58.1%	13.6%	29.3%	31.7%	
実施言語	英語	36	6	47	89	47%
		41.9%	9.1%	10.6%	14.9%	
	韓国・朝鮮語	1	0	6	7	4%
		1.2%	0.0%	1.4%	1.2%	
	中国語	4	0	9	13	7%
		4.7%	0.0%	2.0%	2.2%	
	日本語	34	4	100	138	73%
		39.5%	6.1%	22.5%	23.2%	
	その他の言語	3	0	9	12	6%
		3.5%	0.0%	2.0%	2.0%	

分館含む		国立	公立	私立	計	実施館に占める割合
		197	84	513	794	
おこなっている		91	11	145	247	
		46.2%	13.1%	28.3%	31.1%	
実施言語	英語	73	6	55	134	54%
		37.1%	7.1%	10.7%	16.9%	
	韓国・朝鮮語	2	0	6	8	3%
		1.0%	0.0%	1.2%	1.0%	
	中国語	5	0	9	14	6%
		2.5%	0.0%	1.8%	1.8%	
	日本語	51	6	109	166	67%
		25.9%	7.1%	21.2%	20.9%	
	その他の言語	4	0	10	14	6%
		2.0%	0.0%	1.9%	1.8%	

オリエンテーション（館数）

	1998	2015	前回比
国立	111	105	95%
公立	26	13	50%
私立	236	154	65%
計	373	272	73%

（全体に占める割合）

	1998	2015	前回比
国立	43.7%	53.3%	122%
公立	34.2%	15.5%	45%
私立	39.0%	30.0%	77%

1998 年調査は，特に留学生等を対象に行っているものと，一般学生向けのものに参加しているものとの合算

（対応マニュアル等）問9
1）日本語が不自由な利用者対応のために何らかの準備をしていますか。
2）「準備している」場合，どのような準備をしていますか。
3）「対応マニュアルを作成している」場合，作成している言語はどれですか。

　日本語が不自由な利用者対応に関して，中央館では，全体の約2割が何らかの準備をしている。国立大学に限れば37%の館が準備をしている。

　1998年調査と2015年調査とを比較すると，対応マニュアルの整備が進んでいる一方，外国語会話ができる職員の配置は42%に減少している。

中央館		国立	公立	私立	計
		86	66	444	596
準備している		32	13	64	109
		37.2%	19.7%	14.4%	18.3%
	対応マニュアル	11	3	20	34
		12.8%	4.5%	4.5%	5.7%
	外国語会話ができる職員	19	6	43	68
		22.1%	9.1%	9.7%	11.4%
	その他	13	5	16	34
		15.1%	7.6%	3.6%	5.7%
対応マニュアル作成言語	英語	12	4	25	41
	韓国・朝鮮語	1	0	1	2
	中国語	1	0	2	3
	その他の言語	0	0	0	0

分館含む		国立	公立	私立	計
		197	84	513	794
準備している		70	15	76	161
		35.5%	17.9%	14.8%	20.3%
	対応マニュアル	23	4	26	53
		11.7%	4.8%	5.1%	6.7%
	外国語会話ができる職員	42	7	48	97
		21.3%	8.3%	9.4%	12.2%
	その他	27	5	19	51
		13.7%	6.0%	3.7%	6.4%
対応マニュアル作成言語	英語	26	5	30	61
	韓国・朝鮮語	1	0	2	3
	中国語	1	0	3	4
	その他の言語	0	0	0	0

対応マニュアル作成

	1998	2015	前回比
国立	13	23	177%
公立	1	4	400%
私立	6	26	433%
計	20	53	265%

外国語会話ができる職員

	1998	2015	前回比
国立	88	42	48%
公立	16	7	44%
私立	130	50	38%
計	234	99	42%

（職員）問１０

１）外国籍の職員がいますか。

２）「いる」場合，次のどれに該当しますか。

外国籍の職員は，中央館に限ると全体の 10%に配置されている。国立大学に限れば 20%になる。しかし，正職員としての採用は少なく，その多くが非常勤職員等である。

1998 年調査と 2015 年調査とを比べると，外国籍の職員がいる館数は増加しているが，雇用形態では，正職員としての採用は減少している。

中央館		国立	公立	私立	計
		86	66	444	596
いる		17	5	41	63
		19.8%	7.6%	9.2%	10.6%
	正職員	0	2	21	23
		0.0%	3.0%	4.7%	3.9%
	非常勤職員等	14	3	28	45
		16.3%	4.5%	6.3%	7.6%
	ボランティア	1	0	0	1
		1.2%	0.0%	0.0%	0.2%
	その他の身分	4	0	3	7
		4.7%	0.0%	0.7%	1.2%

分館含む		国立	公立	私立	計
		197	84	513	794
いる		35	5	42	82
		17.8%	6.0%	8.2%	10.3%
	正職員	0	2	21	23
		0.0%	2.4%	4.1%	2.9%
	非常勤職員等	30	3	29	62
		15.2%	3.6%	5.7%	7.8%
	ボランティア	1	0	0	1
		0.5%	0.0%	0.0%	0.1%
	その他の身分	7	0	3	10
		3.6%	0.0%	0.6%	1.3%

外国籍の職員がいる（館数）

	1998	2015	前回比
国立	20	41	205%
公立	3	5	167%
私立	49	52	106%
計	72	98	136%

（全体に占める割合）

	1998	2015	前回比
国立	7.9%	20.8%	263%
公立	3.9%	6.0%	154%
私立	8.1%	10.1%	125%

外国籍の職員の身分（館数）

	1998	2015	前回比
正職員	37	30	81%
臨時職員	62	74	119%
ボランティア	0	1	-
その他	26	12	46%
計	125	117	94%

（全体に占める割合）

	1998	2015	前回比
正職員	-	3.8%	-
臨時職員	-	9.3%	-
ボランティア	-	0.1%	-
その他	-	1.5%	-

※1998年の調査結果なし

（語学研修）問11

1）勤務時間内に外国語会話などの研修の機会がありますか。

2）外国語を習得するために必要な経費等の補助がありますか（勤務時間外におこなう
　　自己研修への補助を含みます）。

　勤務時間内に外国語会話などの研修機会があるのは，中央館に限れば，全体の平均は約12%。外国語修得のための経費補助があるのは，中央館に限れば，全体の約23%。ただし，国立大学に限れば双方とも約50%の館で語学研修の機会がある。

中央館	国立	公立	私立	計
	86	66	444	596
勤務時間内に外国語会話などの研修の機会がある	43	7	24	74
	50.0%	10.6%	5.4%	12.4%
外国語を習得するために必要な経費等の補助がある	42	9	85	136
	48.8%	13.6%	19.1%	22.8%

分館含む	国立	公立	私立	計
	197	84	513	794
勤務時間内に外国語会話などの研修の機会がある	110	8	32	150
	55.8%	9.5%	6.2%	18.9%
外国語を習得するために必要な経費等の補助がある	99	14	115	228
	50.3%	16.7%	22.4%	28.7%

語学研修（館数）

	1998	2015	前回比
国立	120	108	90%
公立	28	16	57%
私立	92	126	137%
計	240	250	104%

語学研修（全体に占める割合）

	1998	2015	前回比
国立	47.2%	54.8%	116%
公立	36.8%	19.0%	52%
私立	15.2%	24.6%	162%

　1998年調査では，勤務時間内・勤務時間外の補助をあわせて回答している。2015年調査では別の設問とした。2015年の比較の数字は，外国語習得のための経費補助の数字。

		勤務時間内研修			
		ある	ない	無回答	計
経費補助	ある	41	116		157
	ない	43	540		583
	無回答	1	6	4	11
	計	85	662	4	751

（要望調査）問１２

1）留学生等から図書館サービスに関して何らかの要望が出されたことがありますか。

2）「ある」場合，具体的にお書きください。

3）留学生等の図書館ニーズを把握するために要望調査を実施したことがありますか。

4）「ある」場合，その方法と実施頻度（１年に１回など）をお答えください。

　　留学生等の図書館ニーズを把握するための要望調査の実施館数は，全体の約 6%。

　　1998 年と 2015 年を比較すると，懇談会の実施館数は約 24%に減少している。一方，要望調査の実施館数は，ほぼ横ばいである。

中央館		国立	公立	私立	計
		86	66	444	596
留学生等から図書館サービスに関して何らかの要望が出されたことがある		29	5	60	94
		33.7%	7.6%	13.5%	15.8%
留学生等の図書館ニーズを把握するために要望調査を実施したことがある		16	2	19	37
		18.6%	3.0%	4.3%	6.2%
	懇談会	9	0	3	12
		10.5%	0.0%	0.7%	2.0%
	アンケート調査	12	2	15	29
		14.0%	3.0%	3.4%	4.9%
	その他	1	0	5	6
		1.2%	0.0%	1.1%	1.0%

分館含む		国立	公立	私立	計
		197	84	513	794
留学生等から図書館サービスに関して何らかの要望が出されたことがある		47	6	66	119
		23.9%	7.1%	12.9%	15.0%
留学生等の図書館ニーズを把握するために要望調査を実施したことがある		29	3	22	54
		14.7%	3.6%	4.3%	6.8%
	懇談会	19	1	5	25
		9.6%	1.2%	1.0%	3.1%
	アンケート調査	22	2	17	41
		11.2%	2.4%	3.3%	5.2%
	その他	2	0	6	8
		1.0%	0.0%	1.2%	1.0%

懇談会の実施（館数）

	1998	2015	前回比
国立	29	19	66%
公立	4	1	25%
私立	70	5	7%
計	103	25	24%

要望調査の実施（館数）

	1998	2015	前回比
国立	20	23	115%
公立	2	2	100%
私立	19	17	89%
計	41	42	102%

※2015は「アンケート調査」の数

（情報源）問１３　留学生に対する図書館サービスを実施するうえで参考にする知識や情報は，どこから得ていますか（複数回答可）。

　　留学生に対する図書館サービスに関する情報は，全体の約半数の館が大学図書館の連合体から入手している。次いで日本図書館協会，諸団体の出版物・ウェブサイトからという回答が全体の約3割を占める。

中央館	国立	公立	私立	計
	86	66	444	596
IFLA（国際図書館連盟）	6	1	40	47
	7.0%	1.5%	9.0%	7.9%
日本図書館協会	30	18	139	187
	34.9%	27.3%	31.3%	31.4%
大学図書館の連合体	49	23	205	277
	57.0%	34.8%	46.2%	46.5%
諸団体の出版物・ウェブサイト	43	15	113	171
	50.0%	22.7%	25.5%	28.7%
その他	10	10	49	69
	11.6%	15.2%	11.0%	11.6%

分館含む	国立	公立	私立	計
	197	84	513	794
IFLA（国際図書館連盟）	10	3	47	60
	5.1%	3.6%	9.2%	7.6%
日本図書館協会	60	26	157	243
	30.5%	31.0%	30.6%	30.6%
大学図書館の連合体	89	31	236	356
	45.2%	36.9%	46.0%	44.8%
諸団体の出版物・ウェブサイト	82	18	134	234
	41.6%	21.4%	26.1%	29.5%
その他	33	10	59	102
	16.8%	11.9%	11.5%	12.8%

（課題）問14

1）留学生等へのサービスで，特に課題となっていることがありますか。

2）「ある」場合，どのような点が課題となっていますか（複数回答可）。

　　中央館に限れば，留学生等へのサービスで特に課題が「ない」とする館が全体の約6割を占める。
国立大学では全体の22%だが，公立大学・私立大学では，60%を超える。

　　「カウンター対応整備」「利用案内等整備」「要望把握」を課題としてあげる館が多い。

中央館		国立	公立	私立	計
		86	66	444	596
課題がある		67	25	156	248
		77.9%	37.9%	35.1%	41.6%
	予算（人件費）の獲得	11	3	25	39
		12.8%	4.5%	5.6%	6.5%
	予算（資料費）の獲得	24	6	33	63
		27.9%	9.1%	7.4%	10.6%
	分掌上の位置づけ	2	2	18	22
		2.3%	3.0%	4.1%	3.7%
	マニュアルの整備	23	10	77	110
		26.7%	15.2%	17.3%	18.5%
	担当部局との連携	25	9	59	93
		29.1%	13.6%	13.3%	15.6%
	新聞・雑誌の不足	10	5	32	47
		11.6%	7.6%	7.2%	7.9%
	資料全般の不足	22	10	57	89
		25.6%	15.2%	12.8%	14.9%
	母国情報の不足	6	5	31	42
		7.0%	7.6%	7.0%	7.0%
	要望の把握	37	15	92	144
		43.0%	22.7%	20.7%	24.2%
	利用案内等の整備	36	17	102	155
		41.9%	25.8%	23.0%	26.0%
	カウンター対応の整備	45	16	100	161
		52.3%	24.2%	22.5%	27.0%
	館内の合意の形成	2	3	12	17
		2.3%	4.5%	2.7%	2.9%
	その他	7	0	11	18
		8.1%	0.0%	2.5%	3.0%

分館含む		国立	公立	私立	計
		197	84	513	794
課題がある		138	35	183	356
		70.1%	41.7%	35.7%	44.8%
	予算（人件費）の獲得	24	4	30	58
		12.2%	4.8%	5.8%	7.3%
	予算（資料費）の獲得	50	8	40	98
		25.4%	9.5%	7.8%	12.3%
	分掌上の位置づけ	2	3	22	27
		1.0%	3.6%	4.3%	3.4%
	マニュアルの整備	56	13	89	158
		28.4%	15.5%	17.3%	19.9%
	担当部局との連携	47	11	66	124
		23.9%	13.1%	12.9%	15.6%
	新聞・雑誌の不足	17	7	38	62
		8.6%	8.3%	7.4%	7.8%
	資料全般の不足	41	13	66	120
		20.8%	15.5%	12.9%	15.1%
	母国情報の不足	11	6	38	55
		5.6%	7.1%	7.4%	6.9%
	要望の把握	77	21	107	205
		39.1%	25.0%	20.9%	25.8%
	利用案内等の整備	71	25	124	220
		36.0%	29.8%	24.2%	27.7%
	カウンター対応の整備	100	23	122	245
		50.8%	27.4%	23.8%	30.9%
	館内の合意の形成	2	3	15	20
		1.0%	3.6%	2.9%	2.5%
	その他	12	0	14	26
		6.1%	0.0%	2.7%	3.3%

「特に課題」であるとする館数

	中央館	分館含む
カウンター対応の整備	161	245
利用案内等の整備	155	220
要望の把握	144	205
マニュアルの整備	110	158
担当部局との連携	93	124
資料全般の不足	89	120
予算（資料費）の獲得	63	98
新聞・雑誌の不足	47	62
母国情報の不足	42	55
予算（人件費）の獲得	39	58
分掌上の位置づけ	22	27
その他	18	26
館内の合意の形成	17	20

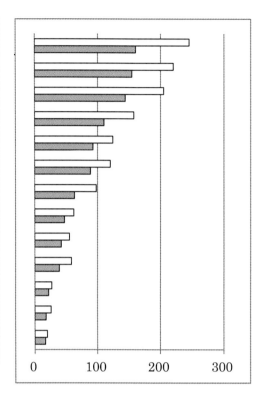

課題の内容（全体に占める割合）（1998年調査では「ハードル」と表記していた。）

	1998	2015	前回比
特にない	41.6%	57.0%	137%
カウンター対応の整備	16.1%	28.1%	175%
利用案内等の整備	17.2%	25.9%	151%
要望の把握	15.1%	23.8%	158%
マニュアルの整備	7.2%	18.5%	257%
資料全般の不足	16.7%	15.4%	92%
担当部局との連携	7.6%	13.8%	182%
予算(資料費)の獲得	17.3%	12.2%	71%
新聞・雑誌の不足	12.4%	7.4%	60%
予算（人件費）の獲得	7.7%	6.9%	90%
母国情報の不足	8.5%	6.7%	79%
分掌上の位置付け	3.0%	3.1%	103%
その他	3.2%	3.0%	94%
館内の合意の形成	2.5%	2.3%	92%

留学生等への図書館サービスに関する調査

図書館名：

所在地：

回答者氏名：

電話番号：

FAX：

回答者連絡先（E-mail）：

該当するものをお答えください。

1）□（1）国立 □（2）公立 □（3）私立 □（4）その他（　　　）

2）□（1）大学 □（2）短期大学 □（3）高専 □（4）その他（　　　）

3）□（1）中央館 □（2）中央館以外（分館・研究所図書館等）

大学の規模をお答え下さい（※中央館のみ回答）
（1）学生数（　　　）（2）大学院生数（　　　）

＝＝＝＝＝＝＝＝＝＝＝＝＝＝＝＝＝＝＝

（サービス対象者数）（※中央館のみ回答）
問1 大学全体の留学生・外国人研究者数を大学概要等の最新の統計に基づいて回答してください。

学部留学生 　　（　　　名）□いない □わからない
大学院留学生 　　（　　　名）□いない □わからない
短期留学生等（研究生・聴講生など含む）
　　　　（　　　名）□いない □わからない
外国籍教員・研究者（　　　名）□いない □わからない

（業務指針）
問2
1）留学生等へのサービスの根拠となる業務指針等がありますか。

□（1）ある □（2）ない

－1－

2015 年 7 月 10 日

図書館長殿

公益社団法人 日本図書館協会
多文化サービス委員会（仮題）

留学生等への図書館サービスに関する調査について（依頼）

拝啓 時下ますますご清祥のこととお慶び申し上げます。
さて、日本図書館協会では、留学生等への図書館サービスの実態を把握するため、標記調査を下記のとおり実施することとなりました。
今回の調査は、1988 年及び 1998 年に実施した「留学生等への図書館サービスに関する調査」に続くもので、第 3 回目となります。現状を把握し、その情報を共有することで、今後、図書館でおこなう留学生等へのサービスを進めていく上での基礎資料とすることを目的としております。
なお、調査結果は、報告書として刊行するほか、日本図書館協会多文化サービス委員会のウェブサイトにも掲載する予定です。
ご多忙中とは存じますが、調査の趣旨をご理解いただき、ご協力をお願い申し上げます。
敬具

記

1. 調査対象：大学／短期大学／高等専門学校の附属図書館（中央館及び分館）
本調査依頼は中央館にのみお送りしています。分館にもご回答いただけるようお願いいたします。

2. 調査基準年月日：2015（平成27）年4月1日現在、あるいは、2014（平成26）年度実績
上記基準年月日はあくまでも目安です。公表できる最新の統計で、回答していただいて構いません。

3. 回答締切：2015（平成27）年 8 月 31 日（月）

4. 回答方法：
①ウェブフォームに直接回答を入力してくださるようお願いいたします。
日本図書館協会のホームページから回答用ウェブフォームへのリンクを設定しています。
日本図書館協会 ＞ 委員会 ＞ 多文化サービス委員会
http://www.jla.or.jp/committees/tabunka/tabid/202/Default.aspx

②ウェブフォームへの入力ができない場合は、以下の宛先に FAX あるいは郵送でお送りください。
公益社団法人日本図書館協会 多文化サービス委員会
〒104-0033 東京都中央区新川 1-11-14
FAX: 03-3523-0841

5. お送りした書類と同じものが日本図書館協会多文化サービス委員会のホームページに掲載してありますので、ご利用ください。

6. 本件に関するお問い合わせは、メールで下記にお願いします。
E-mail: tabunka@jla.or.jp

以上

2）「ある」場合、どのようなものがありますか（複数回答可）

□（1）事務分掌規程
□（2）選書方針
□（3）利用規程
□（4）業務マニュアル
□（5）その他（具体的に　　　　）

（他部局との連携）
問3
1）留学生等へのサービスに関して、他部局等と協議・協力することがありますか。

□（1）ある　　□（2）ない

2）「ある」場合、どれくらいの頻度でおこなっていますか。また、協力事例として具体的なものがありましたら、最近2年間の間におこなったことをお答えください。

□（1）定期的にある　（年間回数：　　回）（担当部局名：　　　　）
□（2）不定期的にある　（年間回数：　　回）（担当部局名：　　　　）
□（3）協力事例・開催頻度等（　　　　　　　　　）

（資料）
問4
1）留学生のための資料を収集・提供していますか。

□（1）収集している　　□（2）収集していない

2）「収集している」場合、1年あたり何冊収集していますか（回答は概数で結構です）

約　　　　冊

3）「収集・提供している」場合、どのような資料・情報を収集していますか。概数で結構ですので冊数を記入してください（1年あたりの収集冊数ではなく、蔵書冊数をお答えください）。

□（1）日本語学習　　　　　　　　　　約（　　　）冊
□（2）日本事情・日本文化紹介　　　　約（　　　）冊
□（3）生活情報　　　　　　　　　　　約（　　　）冊
□（4）母国の情報（新聞・雑誌等）　　約（　　　）タイトル
□（5）専門教育の基礎的文献　　　　　約（　　　）冊
□（6）その他（具体的に：　　　　　）約（　　　）冊
□（7）収集分野を区分していない場合、次にお答えください。　約（　　　）冊

－2－

4）留学生のための資料を集めて配架しているコーナーがありますか。（他の資料と混配している場合は「ない」を選択してください）

□（1）ある　　□（2）ない

（目録）
問5　多言語資料の目録作成に対応していますか。

（図書館システム）
□（1）対応している　□（2）概ね対応している　□（3）対応していない

（多言語資料の目録作成ができる人材）
□（1）揃っている　□（2）概ね揃っている　□（3）不十分　□（4）いない

（検索）
問6　蔵書検索システムは多言語検索に対応していますか。

□（1）対応している　□（2）概ね対応している　□（3）対応していない

（日本語以外の言語による情報提供）
問7
1）日本語以外の言語で書かれた利用案内を作成していますか。

□（1）作成している　　□（2）作成していない

2）「作成している」場合、作成している言語はどれですか。（複数回答可）

□（1）英語
□（2）韓国・朝鮮語
□（3）中国語
□（4）その他（具体的に：　　　　　　　　　）

3）日本語以外の言語で書かれたウェブサイトを作成していますか。

□（1）作成している　　□（2）作成していない

4）「作成している」場合、作成している言語はどれですか。（複数回答可）

□（1）英語
□（2）韓国・朝鮮語
□（3）中国語
□（4）その他（具体的に：　　　　　　　　　）

－3－

5）日本語以外の言語で書かれた館内掲示類（出入口、貸出カウンター、各フロアの配置図等）を作成していますか。

□（1）作成している　□（2）作成していない

6）「作成している」場合、作成している言語はどれですか（複数回答可）

□（1）英語
□（2）韓国・朝鮮語
□（3）中国語
□（4）その他（具体的に：　　　　　　　　　）

7）上記の他に留学生向けに情報提供している具体例がありましたらお答えください。
□（具体的に：　　　　　　　　　）

（利用支援）

問8
1）留学生等を対象に図書館オリエンテーションや利用指導などをおこなっていますか。

□（1）おこなっている　□（2）おこなっていない

2）「おこなっている」場合、おこなっている言語はどれですか（複数回答可）

□（1）英語
□（2）韓国・朝鮮語
□（3）中国語
□（4）日本語
□（5）その他（具体的に：　　　　　　　　　）

（対応マニュアル等）

問9
1）日本語が不自由な利用者対応のために何らかの準備をしていますか

□（1）準備している　□（2）準備していない

ー4ー

2）「準備している」場合、どのような準備をしていますか

□（1）外国語による対応マニュアルを作成している
□（2）外国語会話ができる職員がいる
□（3）その他（具体的に：　　　　　　　　　）

3）「対応マニュアルを作成している」場合、作成している言語はどれですか

□（1）英語
□（2）韓国・朝鮮語
□（3）中国語
□（4）その他（具体的に：　　　　　　　　　）

（職員）

問10
1）外国籍の職員がいますか。

□（1）いる　□（2）いない

2）「いる」場合、次のどれに該当しますか。

□（1）正職員
□（2）非常勤職員・臨時職員・アルバイト
□（3）ボランティア
□（4）その他（具体的に：　　　　　　　　　）

（語学研修）

問11
1）勤務時間内に外国語会話などの研修の機会がありますか（勤務時間外におこな

□（1）ある　□（2）ない

2）外国語を習得するために必要な経費等の補助がありますか（自己研修への補助を含む

□（1）ある　□（2）ない

ー5ー

（要望調査）

問１２

1) 留学生等から図書館サービスに関して何らかの要望が出されたことがありますか。

□ (1) ある　　□ (2) ない

2) 「ある」場合、具体的にお書きください
（　　　　　　　　　　）

3) 留学生等の図書館ニーズを把握するために要望調査を実施したことがありますか。

□ (1) ある　　□ (2) ない

4) 「ある」場合、その方法と実施頻度（1年に1回など）をお答えください。

□ (1) 懇談会　（実施頻度　　　　　）
□ (2) アンケート調査（実施頻度　　　　　）
□ (3) その他（具体的に　　　　　　　　）
□ (4) 調査報告書等がありましたら、一部ご提供ください。ウェブで公開しているのであれば、URLをお知らせください。
（　　　　　　　　　　）

（情報源）

問１３　留学生に対する図書館サービスを実施するうえで参考にする知識や情報は、どこから得ていますか(複数回答可)。

□ (1) IFLA(国際図書館連盟)の出版物・ウェブサイト等諸活動
□ (2) 日本図書館協会の出版物・ウェブサイト等諸活動
□ (3) 大学図書館の連合体（国大図協・公大図協・私大図協など）が行う諸活動
□ (4) 諸団体の出版物・ウェブサイト等諸活動
□ (5) その他

特に参考になる資料・情報源（ウェブサイトを含む）がありましたら、お書きください。
（　　　　　　　　　　）

−6−

（課題）

問１４

1) 留学生等へのサービスで、特に課題となっていることがありますか。

□ (1) ある　　□ (2) ない

2) 「ある」場合、どのような点が課題となっていますか。(複数回答可)

□ (1) 予算（人件費）の獲得
□ (2) 予算（資料費）の獲得
□ (3) 分掌上の位置づけ
□ (4) マニュアルの整備
□ (5) 担当部局との連携
□ (6) 新聞・雑誌の不足
□ (7) 資料全般の不足
□ (8) 母国情報の把握
□ (9) 要望の把握
□ (10) 利用案内等の整備
□ (11) カウンター対応の整備
□ (12) 館内の合意の形成
□ (13) その他（具体的に：　　　　　　）

（特徴的なサービス）

問１５　留学生に向けた特徴的なサービスをおこなっておられましたら、具体例をお答えください。また、特に効果のあった事例があれば、お書きください。

（その他）

問１６　留学生サービス全般についてご意見がありましたら、お答えください。

ご協力いただき、どうもありがとうございました。

−7−

参考文献

1．実態調査報告書および関係文献

＜1988年第1回調査＞

・「図書館の多文化サービス『多文化サービス実態調査(1988)』の分析 1 公共図書館」河村宏
　『現代の図書館』vol.27, no.2, 1989, p.118-125.

・「図書館の多文化サービス『多文化サービス実態調査(1988)』の分析 2 大学・短大・高専図書館」
　河村宏　『現代の図書館』vol.27, no.4, 1989, p.254-258.

＜1998年第2回調査＞

・『多文化サービス実態調査1998報告書 1998年調査：公立図書館編』 日本図書館協会障害者サー
　ビス委員会　日本図書館協会, 1999, 28p.

・『留学生等への図書館サービスに関する調査報告書 1998年調査』 日本図書館協会障害者サービス
　委員会　日本図書館協会, 1999, 27p.

・「10年を映す『多文化サービス実態調査1998』：取り組みの増加と変わらぬ課題」 村岡和彦
　『図書館雑誌』vol.93, no.4, 1999.4, p.290-291.

・「留学生等への図書館サービスに関する調査」前川敦子
　『図書館雑誌』vol.93, no.7, 1999.4, p.562-563.

＜2002年ミニ付帯調査＞

・「多文化サービスについて：2002年図書館調査ミニ付帯調査結果報告」 日本図書館協会調査事業委
　員会事務局 『図書館雑誌』vol.97, no.2, 2003.2, p.106-107.

＜2015年第3回調査＞

・「『多文化サービス実態調査2015』調査結果中間報告」多文化サービス委員会　『図書館雑誌』
　vol.110, no.9, 2016.9, p.594-597.

＜その他の調査＞

・『図書館と在住外国人：「在住外国人利用者の記録」(1992年調査)から』日本図書館協会障害者サー
　ビス委員会多文化・識字ワーキンググループ編　日本図書館協会障害者サービス委員会多文化・
　識字ワーキンググループ, 1994.5

2．ガイドライン・入門書

・『多文化社会：図書館サービスのためのガイドライン 新訳関連資料増補（多文化・識字ワーキング
　グループ資料集:2)』 国際図書館連盟(IFLA)/多文化社会図書館サービス分科会原編/アジア図書館
　[ほか]翻訳・編集　アジア図書館：アジアセンター21, 1995.7

・『IFLA多文化社会図書館サービス』 深井耀子解説・編集/田口瑛子訳・編集　多文化サービスネッ
　トワーク, 日本図書館協会(発売), 2002.10

・『多文化コミュニティ：図書館サービスのためのガイドライン 第3版』 国際図書館連盟多文化社
　会図書館サービス分科会編/日本図書館協会多文化サービス委員会訳・解説 日本図書館協会, 2012.3

・『多文化サービス入門 』(JLA図書館実践シリーズ:2) 日本図書館協会多文化サービス研究委員会
　日本図書館協会, 2004.10

3．雑誌論文等

・「公共図書館の多文化サービスを進めるために：情報ニーズ調査の必要性」 平田泰子 『カレントア

ウェアネス』(296), 2008, p.2-4.

　http://current.ndl.go.jp/ca1661 　（参照　2017-03-22）
・大学のグローバル化における図書館の役割－留学生サービスから考える－<平成25年度　京都大学
　図書館機構講演会>　京都大学図書館機構　2013.12
　http://repository.kulib.kyoto-u.ac.jp/dspace/handle/2433/180546 　（参照　2017-03-22）
・「多文化共生施策と図書館の多文化サービス：平成26年度アジア情報関係機関懇談会概要報告」
　国立国会図書館編　　『アジア情報室通報』 　vol.13, no.2, 2015.6
　http://rnavi.ndl.go.jp/asia/entry/bulletin13-2-1.php 　（参照　2017-03-22）

4．特集
・「特集　大学の多文化サービス」『大学の図書館』vol.27, no.2, 2008.2
・「小特集　大学図書館と国際化」『大学図書館研究』vol.98, 2013.8
・「特集　多言語・多文化サービス」『医学図書館』vol.60, no.4, 2013.12
・「特集　学生協働による留学生支援」『大学の図書館』vol.33, no.3, 2014.3
・「特集　多文化サービス」『こどもの図書館』vol.61, no.6, 2014.6
・「2007年度図書館学セミナー　多文化社会の図書館サービス」『図書館界』vol.59, no.6, 2008.3

5．文献リスト・資料集
・「多文化社会図書館サービス関係文献リスト（1974.11-1994.3）」　小林卓・村岡和彦編
　http://researchmap.jp/kawakarpo/bibliography/ 　（参照　2017-03-22）
・「図書館の多文化サービス関係文献リスト（1994.4-2012.3）」　小林卓・村岡和彦編
　http://researchmap.jp/kawakarpo/bibliography/ 　（参照　2017-03-22）
・『資料集公共図書館の多文化サービス：その歩み：1988年(昭和63年)前後を中心に』　深井耀子,
　小林卓解説・編集　多文化サービスネットワーク，　2006.1
・IFLA Library Services to Multicultural Populations Section, Publications from MCULTP
　http://www.ifla.org/publications/73 　（参照　2017-03-22）

あとがきにかえて

　膨大な設問数にもかかわらず，回答をお寄せいただきました皆様にまずはお礼を申しあげます。

　この報告書では，多文化サービスの現状を把握するための基本的なデータの集計を第一としながらも，できるだけ日常業務の手助けになるような事例も挙げています。設問同士をさらにクロス集計していけば，まだまだ多くの事実が見えてきたかもしれません。また，記述部分では素晴らしい実践報告もあれば，サービスに対する悩みなども寄せられました。これらに対する私たちの回答は，今後，別の場所でできれば良いと考えています。できるだけ多くの声を聴き，お力になれることがあれば答えていきます。

　日本図書館協会が行った最新の多文化サービスに関する公立図書館調査として，「多文化サービスについて－2002 年図書館調査ミニ付帯調査結果報告」が『図書館雑誌』2003 年 2 月号（p.106-107）に掲載されていますが，これ以降調査は行われていませんでした。この間，図書館を取り巻く環境は激変してきました。特に，情報通信技術の進歩はめざましく，10 年前では，日本語やアルファベット以外の文字で記された資料が検索できない図書館がほとんどでしたが，今では外部データを取り込みながら資料の管理が行えるようになりました。また，多くの図書館では利用者が使えるインターネット端末が設置してあり，自由に情報を引き出せる環境も整ってきています。前回の調査の時点では，これは考えられないような大きな変化でした。

　環境の変化はこれだけではありません。非正規職員の増加，資料費の減少など図書館を取り巻く環境は毎年厳しさを増してきています。在住外国人へのサービスというきわめてマイナーなサービスがどのような影響を受けてきたのかについては前回調査から随分年月が経ちすぎており，また質問内容や対象数が異なるため十分に比較することはできませんでした。

　最後に，アンケートの実施にあたっては，REAS（リアルタイム評価支援システム）を利用しました。皆様のお手元に届いたこの調査報告書が，少しでも日常の業務に生かされればと思います。

2017 年 3 月 31 日
公益社団法人　日本図書館協会
多文化サービス委員会

＜執筆者一覧＞

日本図書館協会 多文化サービス委員会

　　委員長：平田泰子（元自由が丘産能短期大学）

○「第Ⅰ部　公立図書館の多文化サービス」担当

　阿 部 治 子（豊島区役所）

　小笠原智香（大阪市立島之内図書館）

　喜多由美子（八尾市立志紀図書館）　　◎主坦（2015.4～）

　小 　林 　卓（元実践女子大学）　　　◎主坦（～2015.3）

　迫田けい子（元東京都立図書館）

　平 田 泰 子（元自由が丘産能短期大学）

　山 縣 睦 子（埼玉県立熊谷図書館）

　＊執筆協力者：水流添真紀（国立国会図書館）

　　　　　　　　村岡和彦（元大阪市立図書館）

○「第Ⅱ部　留学生等への図書館サービス」担当

　高橋隆一郎（東京学芸大学附属図書館）

　瀧 澤 憲 也（群馬県立女子大学附属図書館）

　新 居 弥 生（元東京大学東洋文化研究所図書室）

　浜口美由紀（国際交流基金関西国際センター図書館）

　村 上 健 治（富山大学附属図書館）　　◎主坦

　山 田 伸 枝（元国際交流基金関西国際センター図書館）

事務局担当：小林佳廉

> 視覚障害その他の理由で活字のままでこの本を利用できない人のために，日本図書館協会及び著者に届け出る事を条件に音声訳（録音図書）及び拡大図書，電子図書（パソコンなど利用して読む図書）の製作を認めます。ただし，営利を目的とする場合は除きます。

多文化サービス実態調査 2015 報告書

2017 年 3 月 31 日　初版第 1 刷発行

定　価：本体 2500 円（税別）

編　者：日本図書館協会多文化サービス委員会
発行者：公益社団法人　日本図書館協会
　　　　〒104-0033 東京都中央区新川 1-11-14
　　　　Tel 03-3523-0811（代）　Fax 03-3523-0841
印刷所：㈱丸井工文社

Printed in Japan

JLA201631
ISBN978-4-8204-1620-3
本文は中性紙を使用しています。